运动行为测试与分析

周晓军　吴东华　解鑫　张坤　编著

东南大学出版社
SOUTHEAST UNIVERSITY PRESS
·南京·

内容提要

本书主要包括运动行为测试与分析的目的与意义、运动强度与心血管系统的指标与测试、运动强度与能量代谢系统的指标与测试、运动强度与肌肉系统的指标与测试、动作与竞技表现的测试与分析、灵敏素质的测试与训练、技战术表现与分析、个人及团队运动表现监控等内容。

本书的特点是打破了传统学科的分类标准，以运动训练中遇到的实际测试操作和分析为主线，为运动行为提供有效的测试方法，为运动训练提供数据上的支撑，是一本综合型、应用型教材。

本书可作为运动训练专业的本科、研究生的教学用书，也适用于与运动训练专业有关联的专业人士的参考用书。

图书在版编目(CIP)数据

运动行为测试与分析/周晓军等编著.—南京：东南大学出版社，2023.2

ISBN 978-7-5766-0418-4

Ⅰ.①运… Ⅱ.①周… Ⅲ.①运动训练—研究 Ⅳ.①G808

中国版本图书馆 CIP 数据核字(2022)第 227735 号

责任编辑：张绍来　责任校对：子雪莲　封面设计：顾晓阳　责任印制：周荣虎

运动行为测试与分析

编　　著：周晓军　吴东华　解鑫　张坤
出版发行：东南大学出版社
社　　址：南京四牌楼 2 号　邮编：210096　电话：025 - 83793330
网　　址：http://www.seupress.com
电子邮件：press@seupress.com
经　　销：全国各地新华书店
印　　刷：广东虎彩云印刷有限公司
开　　本：700mm×1 000mm　1/16
印　　张：7.5
字　　数：160 千字
版　　次：2023 年 2 月第 1 版
印　　次：2023 年 2 月第 1 次印刷
书　　号：ISBN 978 - 7 - 5766 - 0418 - 4
定　　价：29.00 元

前　言

随着时代的进步与发展，众多科技产品逐渐被引入日常训练、竞技中来。运动训练、竞赛不再仅仅凭借教练员的经验来进行。要想获得好的竞技表现及成绩，借助科技手段及时对训练过程及训练后效果进行有效反馈，显得尤其重要。

南京体育学院运动训练学院设立的运动专项有：足球、篮球、排球、橄榄球、羽毛球、乒乓球、网球、田径、游泳、跆拳道、柔道、体能训练等。专项教学计划分别安排在五个学期完成，是运动训练学院学生在校期间为期最长，所占学分比例最高的一项教学内容，对于教学双方都是一项非常重要的学习与研究任务。学生将用五学期的时间熟练并精通自己的专业；教师则必须充分利用短短的416个学时，合理安排教授内容，让每一位学生都能具备在深度与广度方面的学习能力，并制定相应标准，使学生完成最终的理论与技术考核。

在教学过程中我们发现无论是学生专项课还是运动队的训练，任何参训人员一旦缺少了对运动强度的实时测量与控制，训练就不再是精确和科学的训练了。学生在校期间学习内容缺少实时强度测量与监控方法，不仅无法高质量地完成训练任务，而且会影响其后期对科学运动（健身）的理解，甚至直接影响其今后的工作。

针对这样的教学情况，运动训练学院袁野教授决定尝试使用不同的科学方法为运动训练专业学生开设“运动行为测试与分析”课程，这是运动训练专业教学改革的一项举措。一方面可以提高课程的科技实用性，另一方面可以让学生接触到更多、更先进的科技设备，掌握测量与评价，以及科学研究的方法，并尝试通过积累教学经验与实际案例，拓宽我们的视野，让训练变得更科学。测量所使用设备也不再是计时与计数等简单的数字记录，而是通过现今国际先进的仪器与设备对教学过程进行测量与记录，并进行实时监控与后期数据分析。这极大地增加了课程的科技含量，并且能让运动训练专业学生可以更深入地了解所学知识，对今后走上社会大有裨益。

本教材立足使学生了解运动训练过程中的物理测试、生理生化监控、运动表现与分析的基本原理；培养学生能运用高科技器材、设备对运动训练过程进行测试与分析的能力；拓展学生的创新思维，从新的视角更深入、直观地了解训练手段、方法和效果，努力提升运动训练专业教学的科技含量，从而达到提升运动训练的科技水平。

"运动行为测试与分析"课程的教学对象为运动训练专业三年级学生，根据教学对象的特点，确定课程创建思路和主要教学内容，整个课程分为理论、应用两个部分。理论部分介绍运动中各种训练强度评价的指标与测量方法和理论依据，结合专项案例讲授技战术行为分析方法及手段。应用部分重在了解测试仪器设备的操作及使用方法，了解数据变化背后的原理，能够通过数据指导训练。

编　者

2023年1月

目　　录

1 运动行为测试与分析的目的与意义

［学习目标］

(1) 了解运动行为测试与分析的目的意义。

(2) 理解运动行为测试与分析的实际作用。

(3) 掌握运动行为测试与分析的大致方法。

作为参训人员，运动训练专业的学生都具备一定的运动经历，能够自我调节；但是，当学生在实习期间，或是毕业后进入普通学校，抑或是带领没有运动经历的群体进行锻炼，将无法对运动强度进行精确控制，如果仅仅通过计时与计次来控制运动时间与运动量，这样的训练或健身计划的制订，在现今这个年代会显得十分苍白无力。再者，不能正确对不同项目运动动作做出合理的解释与分析，缺乏客观依据做出的力量诊断也会大大降低其训练的效度或是授课的信度。因此，针对目前暂时缺少的一些教学内容，必须及时地被充实起来。

1.1 专项课中对于运动强度监控的教学与运用

运动时间、运动量、运动强度是构成运动训练的三个基本要素，训练计划都是围绕这三个变量在制订。在日常的教学中对于时间和量的控制可以简单地通过计时与计数来完成，相对强度的控制与测量很多时候不能做到十分精确，经验再丰富的教练，也不能百分之百地对所有参训运动员在无任何测量设备的条件下做出客观的分类。目前运动训练学院专项教学中的强度测量通常是采用每组完成之后的 10 s 脉搏跳动情况来推测即时的运动强度，这样的推测只能单纯适合即时强度比较大的项目。例如，在完成短距离冲刺或是一些爆发力训练项目之后的间歇控制，不能够十分精确地反映或监控学生在中低强度或是既定目标强度的训练，同时也无法满足不同学生的个体差异。长期以来，对运动强度的控制在专项教学中一直是一个比较棘手的问题。如果通过血乳酸的测定来监控运动强度，这样的方法在教学中也不切实际。

1.2 专项课中对于运动动作的教学与分析

对于个体竞技运动，我们也可以从另一个角度去理解，运动项目中的动作都是由身体各部位的动作链构成的。进而可以把运动项目都看成是许多单独的动作，这些动作的“正确”与否或是其对于竞技有效性所占比值，与个体竞技能力是正相关的：对于体能需求占比越大的项目选手，或者同等技术条件下的选手，其身体动作与竞技成绩正相关程度也相对越高。目前运动训练学院专项教学对各种动作的解释大多数以教科书内容为主要依据，传统的运动项目历经了百年奥运，已经十分成熟。一些成功的“个案”——使用奇怪姿势或动作赢得奖牌的选手，大多时候也不会被众人模仿。然而，学习教科书或模仿优秀运动员，只是一种“模拟信号”，“声音图像”都不太清晰。如何将其转变为“数字信号”，使它们更透明地呈现在学生面前，也是本课程的一个重要教学内容。

Gray Cook 的功能性动作筛查(Functional Movement Screen)中将竞技能力的短板与代偿动作的出现都与动作训练关联起来。由此可见，对动作进行物理分析是当今提高运动训练水平的一个重要环节。动作分析的前提就是对参与运动的不同个体进行客观的测量。例如，形态、长度、角度、质量等，而检测动作效度的方式，则是通过计算动作完成时的输出功率来实现的。再者，是采集同项目中众多优秀运动员的动作视频，用专业软件对其进行分析、统计，进而建立数字与图像模型进行比对。

1.3 运动行为测试与分析的创新点

(1) 传统专项课教学方法革新(讲授、实践—实验、分析)、翻新与充实教学内容。

(2) 引入与运用目前体育科技产品(模拟信号—数字信号)。

(3) 激发教学主体的积极性、创造性与学习热情(抽象—形象)。

(4) 跨学科、多角度、多元化诠释“运动训练”(解剖学、生理学、生物力学、人体工效学、社会学、哲学)。

(5) 为教师和学生提供更广阔的研究思路,积累更客观的理论依据。

习题

1. 试简述运动行为测试与分析这门课的价值。

2. 试简述运动行为测试与分析的创新点。

2 运动强度与心血管系统的指标与测试

[学习目标]

(1) 了解运动强度与心血管系统的指标。

(2) 掌握运动强度与心血管系统的测试方法。

(3) 熟悉课程学习中采用的运动穿戴设备对于心率监控与预设训练强度的方法。

众所周知,心脏泵血功能的大小主要由心肌收缩性能、心脏前后负荷及心率决定。运动员心血管系统的结构与功能的诊断与监控作为运动医学监督的中心环节,其常用指标有心率和血压。训练中血压的变化与运动强度有关,大强度训练后收缩压上升和舒张压下降明显,且恢复较快,表明身体机能良好。训练后收缩压明显上升,舒张压亦上升或血压反应与强度刺激不一致,恢复时间延长等说明机能状况不佳。运动时脉压差增加的程度比平时减少或出现梯形反应、无休止音及运动过程中收缩压突然下降达 20 mmHg 时,预示运动员机能不良。但在日常训练过程中,实时监控血压的变化不太具备可操作性。而手动测量仅仅是在训练之后,不具备时效性。可穿戴的心率检测设备可对训练强度与负荷进行实时监控。

2.1 心率的基础知识

心率是心脏周期性机械活动的频率,即心脏每分钟搏动的次数,以次/分(b/min)表示。正常情况下脉搏和心率是一致的,运动实践中多用测量脉搏代表心率。常用的心率包括:基础心率、安静心率、运动时心率和运动后心率。

1）基础心率

基础心率是指清晨起床前空腹卧位心率。

变化及意义：基础心率较为稳定。运动员基础心率随着训练年限的延长和训练水平的提高而减慢。如果基础心率突然加快或减慢，提示有过度疲劳或疾病的存在。若经过一段时间的正常训练后，运动员的基础心率下降，说明运动员的身体机能增强。

2）安静心率

变化及意义：安静心率有明显的个体差异。一般新生儿的安静心率较快，可达130 b/min。正常健康成人的安静心率为 60～80 b/min。运动员的安静心率一般较低，正常值范围为 45～80 b/min，优秀运动员安静心率通常为 40～50 b/min，个别优秀耐力性项目运动员的心率可达 30 b/min。与正常人相比，运动员每搏输出量明显增大，每分钟的心输出量变化不大，说明在安静状态下运动员心脏保持着良好的能量节省化状态，心肌耗氧、耗能量维持在最低水平，保持着良好的心力储备。

3）运动时心率

运动时心率分为极限负荷心率（心率在 180 b/min 以上）、次极限负荷心率（170 b/min 左右）和一般负荷心率（140 b/min 左右）。运动时心率增加到极限时叫最大心率。最大心率随年龄增长而逐渐减少。一般用 220 减去年龄估算最大心率。最大心率与安静时心率之差称为心搏频率储备，表示人体运动时心率可能增加的潜在能力。运动员在运动时，心脏储备充分动员，表现为：

（1）心率增快，可达 180～200 b/min（构成心脏储备的重要部分——心率储备）。

（2）心脏收缩时尽量排空，使心脏收缩末期容积明显降低。心脏舒张期回心血量增加，心脏舒张末期容积增大，心脏前负荷增大（构成心脏储备的重要部分）。

（3）每搏输出量和每分心输出量明显增大，可达 35～45 L/min，相当于安静状态的 8～10 倍，心脏泵血功能明显增强。

4）运动后心率

运动后心率的恢复速度和程度，可衡量运动员对训练负荷的适应水平或身体机能状况。相同运动负荷后，运动员心率恢复加快，提示运动员对训练负荷适应或机能状况良好，如图 2.1、图 2.2 所示。

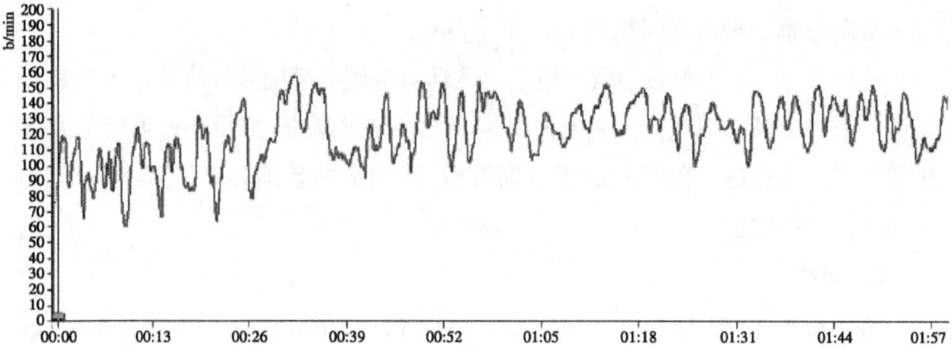

图 2.1　心率波动图

Training Session Report
3/5/2011 - Match Training 12:25 PM-2:59 PM

		HR			Time in sport zones					Above	Training	
		Minimum	Average	Maximum	50-59	60-69	70-79	80-89	90-100	threshold	load	Kcal
Player 101 WU- Max HR:196	02:17:12	59 30%	123 62%	163 83%	00:52:07 38.0%	00:50:36 36.9%	00:32:58 24.0%	00:01:31 1.1%	00:00:00 0.0%	00:00:00 0.0%	114 100.0%	1224 100.0%

图 2.2　训练心率监控图

2.2　个人心率在运动训练中的运用

心率在运动实践中常用来反映运动强度和生理负荷量,它也是反映体内代谢情况的一个非常灵敏的生理指标。由于其实用、简单、易测,因此在运动训练中被普遍应用。目前世界各国对运动训练过程中的心率监控极为重视,教练员不仅可以利用心率对训练过程进行全程实时监控,同时还可以利用心率对体能和伤病的恢复进行全面的监控。国内业已将实时心率用于运动训练监控,但其应用尚不够全面和系统。同时由于对影响心率变化的一些其他的因素考虑不足,以至于在评价心率变化时容易产生误差,从而影响应用效果。因此,如何科学地利用心率变化情况进行训练监测是十分重要的。训练和恢复是科学训练中的两个基本因素,因此,适时地监控训练和恢复状况在现代科学训练中是必要的,而利用心率监控恰好能够做到这两点。

利用心率指导训练的方法有很多,但通常使用的是以下两种方法。

(1) 根据运动员的年龄来推算最大心率　最大心率推算值等于 220 减去运动员的年龄。例如,运动员的年龄是 20 岁,那么其最大心率为(220－20)b/min,其心率阈值范围应占到最大心率的 70%～80%,即为 140～160 b/min。

(2) Karvonen 方法　此方法用运动员安静状态下的心率推测其心率阈值范围。运动员的最大心率减去安静心率称为心搏频率储备。心率阈值应占心搏频率储备的 70%～80%。计算公式如下:心率阈值范围＝[(220－年龄)－安静心率]×(70%～80%)＋安静心率。例如:运动员的年龄是 20 岁,安静心率为 50 b/min,其心率阈值下限为:[(220－20)－50]×70%＋50,即为 155 b/min。上限为:[(220－20)－50]×80%＋50,即为 170 b/min。此外,用 Karvonen 方法还可以推算运动员的最大摄氧量($V_{O_2 max}$)。例如:75%的心搏频率储备所对应的运动强度相当于 75% $V_{O_2 max}$所对应的运动强度。

Karvonen 方法很受教练员的喜爱,但无论哪种方法,在实际应用时必须不断地进行修正和调整,使之具体化和系统化。运动项目是多种多样的,教练员还须根据项目的特点和运动负荷的性质、训练目的、运动个体的训练年限及其生理因素等来选择心率阈值范围,以监控运动训练,如表 2.1 所示。

表 2.1　应用心率监控运动训练

训练类型	运动负荷	心率(占最大心率的百分比)	训练时间段	训练目的
有氧耐力	长距离跑:2.5～5 km	70%～75%	赛前基础训练	提高有氧耐力 提高机体适应性
乳酸阈训练	20 min 快跑	80%～90%	准备阶段后期	提高乳酸耐受力
最大摄氧量强度训练	间歇训练持续时间 3～5 min	90%～95%	赛前到竞赛中期	提高 $V_{O_2 max}$ 增加每搏输出量 增加心输出量
无氧糖酵解训练	间歇训练持续时间 30～90 s	≥100%	竞赛中期至后期	提高无氧耐受力 提高机体乳酸转移能力
ATP-CP 训练	5～15 s 大强度	≥100%	竞赛中期至后期	提高肌肉功率 提高募集快肌能力

2.3 个人心率测试设备的使用方法——以 Polar FT7 为例

1) 设置与操作

个人心率表通常是由一个心率带和配备的腕表组成，使用时将心率带绑在胸口，在心率带上有两个电极，心脏每跳动一次产生的电波会被心率带记录下来，再通过心率带发射模块直接发射到腕表上，便可以直接在腕表上显示当前心率。

在按钮和功能表中，进入菜单，调整值，浏览选择列表，在时间显示模式下，长按此键更改表的显示形式。按 OK 键确认选择运动类型或运动设置。若要激活 Polar FT7 心率监视器，按住任一按钮 1 s。Polar FT7 激活后，不可将其关闭。

根据个人实际状况选择 Language（语言）、输入 Time（时间）、输入 Date（日期）、选择 Units（单位）设置为公制单位（kg/cm）或英制单位（lbs/ft）。若选择 lbs/ft，卡路里将显示为 cal，否则将显示为 kcal。卡路里以千卡为单位、输入 Weight（体重）、输入 Height（身高）、输入 Date of Birth（出生日期）、选择 Sex（性别），如图 2.3 所示。

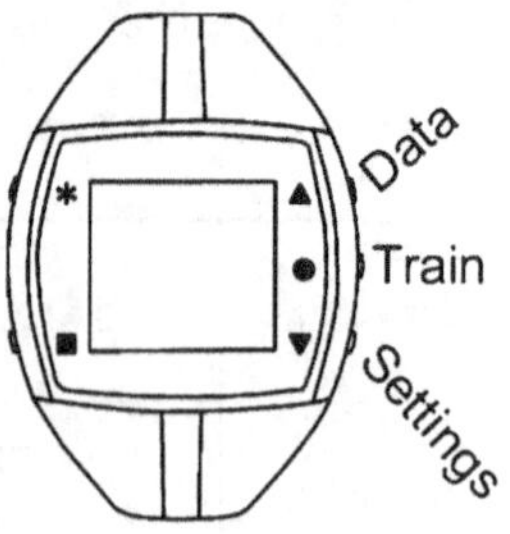

图 2.3 Polar FT7 心率监视器简易图

训练前佩戴心率传感器，弄湿胸带的电极区域，将胸带系在你的胸前并调整胸带直至牢固，扣上传感器，如图 2.4、图 2.5 所示。

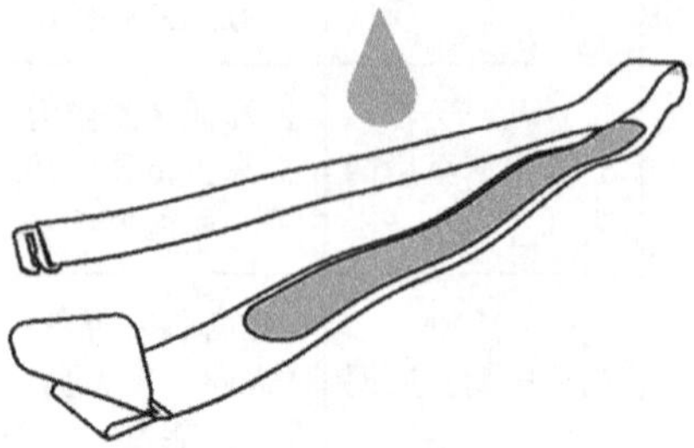

图 2.4 胸带示意图

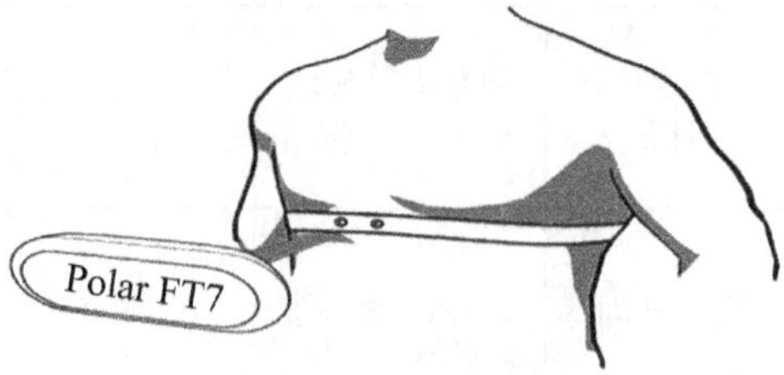

图 2.5 操作扣法

戴上心率表和心率传感器，在时间模式下，按下 OK(确定)键以开启等待模式。等待直至心率表检测到心率并再次按下 OK(确定)键开始记录训练。欲在锻炼开始之前更改声音、心率视图、Heart Touch 功能或心率区限值，可选择 Settings→Training Settings 设置→运动设置。Polar FT7 拥有一个锻炼时长计时器，能够在不使用心率传感器的情况下记录锻炼时间。若要对锻炼进行计时，按两下 OK 键即可。屏幕显示 Started"计时开始"。按 Down(向下)键，屏幕显示"持续时间/日期"。当"检查心率传输带!"出现时，按 OK 键继续计时。要停止计时，按两下 Back(返回)键。

2) 有氧减脂监控操作

开始运动时，在屏幕上将根据心率区显示为 Fat Burn 消脂模式，显示当前心率和脂肪消耗与强度心率区之间的心率值限值。根据需要将强度调节至与当前状态相符时消失。即在做有氧运动时，应该符合长时间、低强度的特征。根据个人设置的基本情况，实时心率控制在目标心率的左侧，如图 2.6 所示。这意味着以此心率进行运动会进入有氧氧化供能系统为主的有氧运动。以上操作能够达到消耗脂肪的目的。

图 2.6　心率显示界面 1

3) 无氧训练监控操作

开始运动时，在屏幕上将根据心率区显示为 Fitness 锻炼模式。无氧训练很多时候表现的特征为短时间、高强度。根据个人设置的基本情况，实时心率控制在目标心率的右侧，如图 2.7 所示。在此心率区，锻炼强度相对较高，可以增强心脏能力和增加肌肉和肺部的血液循环。其主要能量来源为碳水化合物。

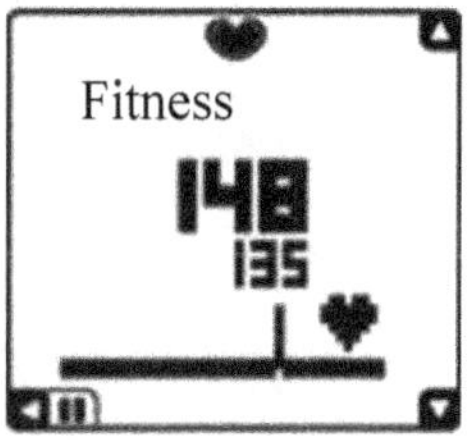

图 2.7　心率显示界面 2

当处于想要的心率区时，按住 OK 键 1 s 即可将其锁定。此时，屏幕将显示"脂肪消耗心率区已锁定"或"健身心率区已锁定"。如果锻炼强度过大或过小，腕部装置会发出声音。比如，该画面中显示为"脂肪消耗心率区已锁定"，若要解锁，则按住 OK 键 1 s 即可，如图 2.7 所示。

4) 训练后的数据选取

每次训练后，可从心率表中读取 Duration 训练的持续时间、Calories 训练过程中消耗的卡路里、Average 训练期间的平均心率、Maximum 训练期间的最大心率值。

2.4　团队心率设备的用途及信息采集方式

Polar Team2 软件是专门为班组培训管理而设计的，可以通过专门的操作工具来规划不同运动项目的赛季，提供了与分析监测实时的心率信息的全面报告，建立所有运动员以及所有运动项目的训练记录及数据库。

1）运动强度的测定方法，根据各自专项特点界定不同训练手段的强度范围

Polar Team2 软件可以建立一个赛季的全面规划和后续运行方式。这些功能可以通过为用户提供一个系统的培训计划，最大限度地发挥团队每个人的作用。

在 Polar Team2 训练系统中建立“训练日志”，同时可以同步创建赛季与非赛季的训练内容，通过预设负荷来控制不同训练阶段的训练强度，或者成型的训练课程。

2）强度训练和训练计划制订必须遵循个体差异等客观依据

掌握设备的调试与使用方法，更有针对性地给不同个体制订训练计划，合理控制训练中间歇时间，以及恢复时间及效率，更有效地监控训练。由于性别、年龄、身高、体重、训练层级等个体自然情况差异，可以事先通过安静心率推算获得个体最高心率（HR_{max}）以及最大摄氧量（$V_{O_2 max}$），再根据显示的不同数值去设置或归类参训个体的个人训练负荷区间（Own Zone），以获取较高的训练效率。

由于以上的数值存在个体差异，因此在制订训练计划或是训练量、强度的安排时都必须区别对待。如果没有基础心率测试设备对训练初期数值做出评估与记录，首先不能合理制订后续训练计划，再者也无法检测后续训练效果，尤其是功能系统的训练效果。在具备了最初数值之后，通过一个周期的训练，可以对个体再进行测试，对比最初测试结果，可以判断或检验本周期训练强度与训练量是否合理。使用心率表既是训练监控手段，同时也是检验训练合理化的手段。在训练计划的制订阶段必须遵循个体差异并以此为据。

3）Polar Team2 团队心率设备的用途及信息采集方式

Polar Team2 团队心率监控设备，相对之前使用的 Polar FT7 个人设备，后台软件对数据统计分析功能更加强大，同时实现了多人的实时跟踪监控，教师和学生可以通过电脑和投影实时监控教学训练开展。

训练后期的数据以图表的方式总结，当中包括训练次数统计、训练时长、在目标心率区内的时间、能量消耗、在目标心率区间内的训练负荷及恢复，以及心跳次数进阶心率数据分析，如图 2.8 所示。并可以以活动阶段、日期、时长来迅速搜索或建立训练报告样板，如图 2.9 所示。

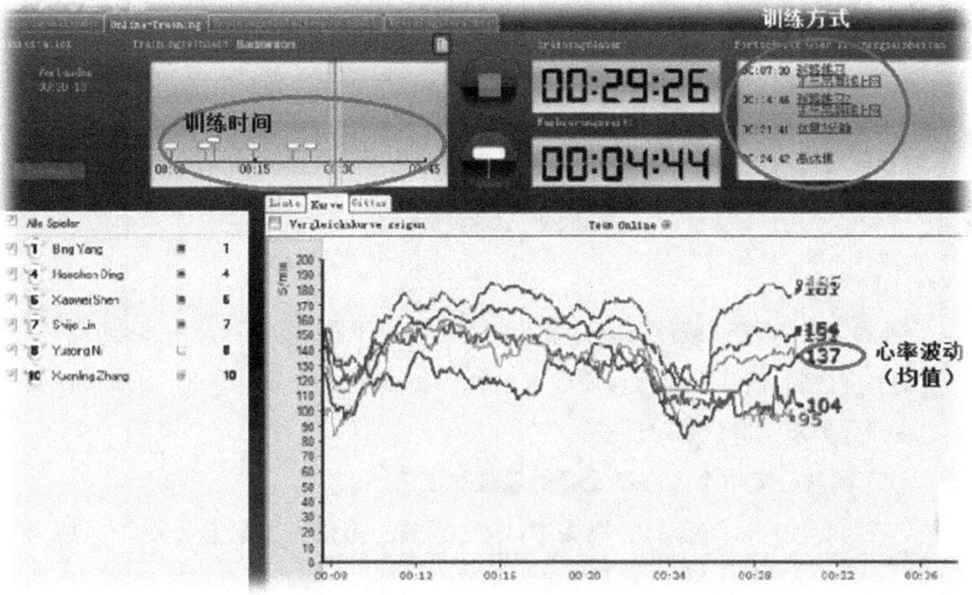

图 2.8 进阶心率数据分析

4) 硬件设备与电脑的连接方式，个人心率发射器与接收器对码方式

(1) 硬件设备　个人心率带与信号发射器 10 套，信号接收器 1 台，心率发射器充电及对码设备 1 台，可以根据需要将 Polar FT7 个人心率表与之对码连接，参训人员可以通过个人心率表自我监控。所有设备均包含蓄电池，充电后可以在无电源情况下使用。

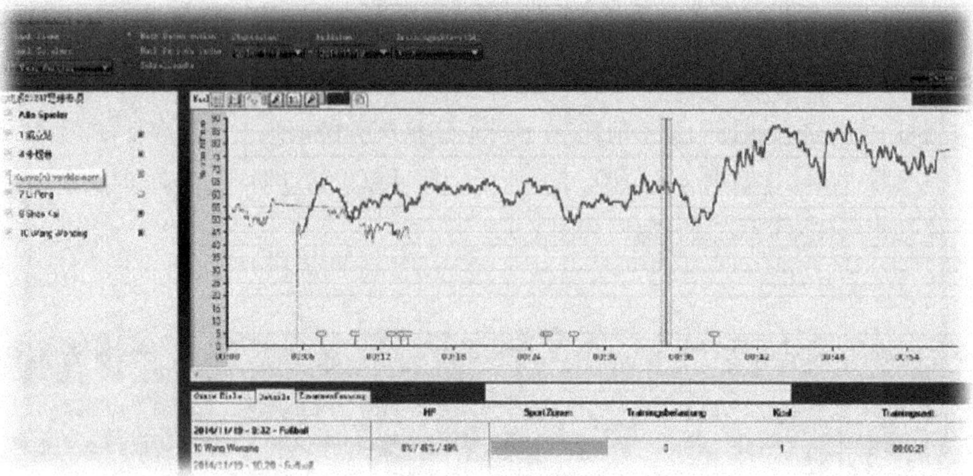

图 2.9 训练报告样板

(2) 软件系统　软件可以根据参训人员的自然信息、运动经历、运动项目、运动强度区间,以及不同项目所要求的体能类型等进行分类管理,在教学训练中根据分类定义进行实时记录。

5) 团队心率中个人心率设备的佩戴与使用

在与专项特征结合的实践课中,学生佩戴心率信息发射装置进行专项训练。一般个人发射器的信号有效接收范围为 75 m;课前与各专项教师协调好训练计划,对训练内容及各阶段的运动强度进行定义,学生在训练中也可以自我监控强度区间是否与之前的计划相吻合;很准确地控制训练强度,合理地把握训练量,并根据个体差异更精准地控制训练中的间歇时间。

合理管理训练,制订计划——通过软件操作工具来规划不同运动项目的赛季,并提供与分析监测实时的心率信息的全面报告,建立所有运动员以及所有运动项目的训练记录及数据库;进而建立一个或多个赛季的全面规划和后续运行方式,让学生明确只有通过系统的训练计划,才能最大限度地发挥团队中每个人的最佳表现。

2.5 个体差异在训练计划制订中的标准

1）训练自定义分类管理

根据参训人员的自然信息、运动经历、运动项目、强度区间，以及不同项目所要求的体能类型等进行分类管理。

心率表用作日常基础训练，例如，力量训练或是健身训练。

根据心率表所显示的数据，可以实时记录不同阶段的训练负荷与各负荷下身体的持续工作时间，如训练前心率、热身时间、热身后心率，至此可以选用更具针对性的激发方式，以获得最优的热身效率。记录观察训练中出现的最高心率，以及身体恢复至准备状态的时间和恢复后的心率，从而可以探索出更适合的组间积极性恢复手段。

2）根据分类定义实时记录

所有训练记录可以在完成之后根据需要直接打印训练报告，如训练时间、训练周期、运动项目、体能类型等，也可以在课程中暂时使用人工记录，以待训练结束后进行统计分析，见表 2.2。

表 2.2　自定义分类训练强度人工记录表

<table>
<tr><td colspan="2">姓名</td><td colspan="2">学号</td><td colspan="2">测试时间</td><td colspan="2">前次测试时间</td></tr>
<tr><td colspan="4">身高（cm）</td><td colspan="4">体重（kg）</td></tr>
<tr><td colspan="4">目标心率：
训练内容：</td><td colspan="2">有氧指数：</td><td colspan="2">最大心率：</td></tr>
<tr><td>运动前心率</td><td>热身时间</td><td>热身后心率</td><td>激发方式</td><td>最高心率</td><td>恢复时间</td><td>恢复方法</td><td>恢复后心率</td></tr>
<tr><td></td><td></td><td></td><td></td><td></td><td></td><td></td><td></td></tr>
</table>

2.6 硬件设备操作及数据采集

1）硬件设置与连接

个人心率带与信号发射器 10 套，信号接收器 1 台，心率发射器充电及对码设备 1 台。可以根据需要将 Polar FT7 个人心率表与其对码连接，能够兼容两种距离速度传感器——GPS卫星传感器与G3步速传感器，根据使用范围的差异可以互换使用，GPS卫星传感器也可以兼容在自行车运动中。对于GPS卫星传感器，这里的GPS系统并不能产生路线轨迹或是航空线距离，只可以显示运行距离、速度和海拔高度。它可以佩戴在手臂或置于口袋、背包中。G3步速传感器可以根据使用者的步长和步频，显示距离和速度，同时可以根据步长获得的距离来记录圈数(如基础设定400 m为1圈)，同时也能感应方向的变化，开始重新计时。它可以与鞋带捆绑在一起。

两者结合使用，不仅可以监控标准运动场地内的运动行为，同时还可以对山地或是其他自然环境中的运动进行监控。例如，折返之后的距离和时间、运动区域的海拔变化等，这些都可以在运动后做出统计分析，它将无规律的户外运动“场所”逐渐变成具有一定“标准”的运作场所，实现测量与记录的可控性。

2) 参训人员可以通过个人心率表自我监控

所有设备均包含蓄电池，充电后可以在无电源情况下使用。

(1) 时时监控训练中心率变化　在没有心率监控的条件下，只能通过运动间歇时段的感受或测试来得出数值，但这样的弊端是，往往运动中的最高心率不能被测试出来，而且若运动员或学生在剧烈运动突然停止后立即做心率测试，由于神经系统、循环系统与运动系统三者的关联，这样的测试方法并不精准。

(2) 能够有效控制训练强度　参训人员通过时时监控了解运动中或是当前的心率峰值，心率表可以以数值和百分比两种方式显示。运动员或学生能够在训练中随时体会不同心率所带来的感受，而不是通过观察脸色、呼吸等方法来体验训练强度。

(3) 能够控制组与组之间的间歇时间　通常运动训练中采用的重复训练方法，组与组之间的休息时间是固定的，可以由经验丰富的教练来制定。但是这样的方法只适用于长期在一起集训的专业运动员，因为他们之间个体差异不大。对于业余运动员或大学生而言，个体差异是导致训练计划不能有效实施的一个重要因素。其个体差异主要体现在重复训练中的间歇时间上，同样3 min的时间，有的个体已经恢复到可以重新开始下一组的心率水平，但有的个体可能还需要1 min时间。使用心率表监控恢复心率，可以更加客观地调整间歇时间，同时，也可以检测循环系统是否因为有效训练而得到优化。

习题

1. 请简述个人心率在运动训练中如何运用。

2. 请简述个人心率测试设备的使用方法(以 Polar FT7 为例)。

3. 请简述团队心率设备的信息采集方式。

4. 请简述个体差异在训练计划制订中的标准。

3 运动强度与能量代谢系统的指标与测试

[学习目标]

(1) 学习并熟悉运动强度与能量代谢系统的指标。

(2) 掌握运动强度与能量代谢系统的测试方法。

(3) 设定有氧耐力训练的时间分配，并了解其训练强度的相互作用。

3.1 供能系统与训练

物质代谢和能量代谢是人体各种器官机能活动的基础，应用物质代谢和能量代谢的规律来掌握运动员的机能水平、指导训练、把握恢复规律，可以有效提高运动能力，是训练科学化的标志之一。

要监控训练过程，首先必须了解训练过程中不同训练负荷时运动人体的生理生化代谢特点及对应发展的身体运动素质。人体的两种供能过程是无氧代谢与有氧代谢。运动强度和运动持续时间不同，供能系统所占比重不同。无氧代谢的供能功率高，但时间短；有氧代谢供能的特点是供能效率较低，但供能时间很长。骨骼肌和输出能源有着密切的关系，如表 3.1 所示；而运动员在不同时间全力运动时的能量供应比例也是不同的，如表 3.2 所示。

表 3.1 骨骼肌不同能源物质的输出功率表

能源物质	最大功率 [mmolATP/(kg·s)]	达到最大功率时间	氧需 ($mmolO_2$/ATP)
无氧代谢			
ATP	11.2	<1 s	0

（续表）

能源物质	最大功率[mmolATP/(kg·s)]	达到最大功率时间	氧需($mmolO_2$/ATP)
CP	8.6	<1 s	0
肌糖原→乳酸	5.2	<5 s	0
有氧代谢			
糖→CO_2+H_2O	2.7	3 min	0.167
脂肪酸→CO_2+H_2O	1.4	30 min	0.177

表 3.2　运动员在不同时间全力运动时的能量供应比例

项目	全力运动时间					
	<35 s	35 s～<2 min	2～<10 min	10～<35 min	35～<90 min	90～360 min
强度/最大摄氧量(%V_{O_2max})	>100	100	95～100	90～95	80～95	60～70
有氧代谢比例(%)	<5	20	60	70	80	95
无氧代谢比例(%)	>95	80	40	30	20	5
肌糖原消耗比例(%)	<10	10	30	40	60	80
心率水平(b/min)		185～200	190～210	180～190	170～190	150～180
血乳酸(mmol/L)	<10	18	20	14	8	4

各供能系统或供能物以最大输出功率供能时维持运动的强度和时间如下：

(1) 磷酸原供能系统可供极限强度运动 6～8 s，最多不超过 10 s。

(2) 糖酵解供能系统可供最大摄氧量强度运动 30～90 s。

(3) 糖有氧氧化供能系统可供亚极限强度运动约 90 min。

(4) 脂肪酸氧化供能的供能时间不受限制，适宜于中低强度运动。

(5) 蛋白质和氨基酸供能时间可从运动开始后 30～60 min 起，直到运动结束，习惯将较长时间亚最大强度的训练（95%～100%V_{O_2max}强度训练 2～10 min）称为有氧无氧混合训练，或称混氧训练，实际上这是属于有氧代谢和无氧代谢几乎各占 40%～60%的训练。

3.2 无创情况下能量代谢系统测试指标

1) 最大摄氧量定义

它是指人体在进行大量肌肉参与的长时间剧烈运动时，当心肺功能和肌肉利用氧的能力达到人体极限水平时，单位时间内每千克机体所摄取氧气的量。它的意义在于反映人体最大有氧代谢能力。它还可以反映心肺功能氧的转运能力(包括心排量、血红蛋白数量、毛细血管密度)和肌肉对氧的吸收、利用能力(包括线粒体多少、酶活性)。最大摄氧量是反映机体在极限负荷运动时心肺功能水平的一个重要指标，也是评定运动员有氧代谢能力的重要依据。最大摄氧量可分为绝对最大摄氧量和相对最大摄氧量。绝对值单位表示为升/分(L/min)，相对值单位表示为毫升/(千克·分)[mL/(kg·min)]。

2) 最大摄氧量主要应用

(1) 评定运动能力和训练效果，尤其对耐力运动项目(经常进行 400 m、800 m、1 500 m 跑训练的运动员容易发展 $V_{O_2 max}$ 的能力，而慢速度超长距离的训练则难以发展 $V_{O_2 max}$ 的能力)。

(2) 选材，受遗传因素的影响较大。

(3) 评定运动员机能状态，运动员身体状况下降或过度训练时，运动员心肺功能下降，最大摄氧量下降。

3) 影响因素

(1) 测试中的运动方式与其实际运动项目之间的关联度越高，相对越能够反映出其实际的有氧能力。

(2) 运动员在不同的训练阶段和机能状况下，最大摄氧量值有所不同。机体处于疲劳状态时其值下降。

(3) V_{O_2} 测试结果受受试者主观努力程度的影响，未尽全力者测得的值较低。

4) 最大摄氧量平台($V_{O_2 max}$ Pleteau Duration, $V_{O_2 max}$ PD)

最大摄氧量平台是指在测定 $V_{O_2 max}$ 时，当强度持续增加而 V_{O_2} 水平不再增加时，V_{O_2} 在最高水平维持的时间。$V_{O_2 max}$ PD 与耐力项目的运动能力密切相关。最大有氧阈或 $V_{O_2 max}$ 临界强度：把渐增负荷过程中达到 $V_{O_2 max}$ 所需的最低运动强度看作一种阈值，即最大摄氧量平台。

3.3 心肺功能测试设备在教学中的应用

心肺功能测试设备可直接获得各种生理指标以及运动中的变化过程，使学生加深对理论知识的理解，综合了解人体在运动过程中各系统之间的关系。开阔学生视野，丰富专项课的教学内容，激发学生参与实验的积极性，提高专项课的科技含量，使运动训练学生知其然并知其所以然。

1）心肺功能仪在本课程的教学中运用较为广泛，在实践部分可开展验证性和综合性实验，也可开展设计性实验

（1）验证性实验　学生通过心肺功能仪可观察到安静状态下和运动过程中通气量、摄氧量、二氧化碳、呼吸频率、心率、呼吸商等各种指标的变化过程。

（2）综合性实验　例如：运动前的准备活动和运动完成后的恢复活动原理，其中包含呼吸适应、神经适应、肌肉适应、骨骼和结缔组织适应，以及内分泌适应，可以通过观察通气阈、乳酸阈和心电图的数值变化来进行监控与分析。

（3）设计性实验　结合不同的专项，自行设计测试方案获得测试数据并分析结果。

2）使用心肺功能仪实验课内容

（1）直接测定最大摄氧量。

① 学习和了解实验室内直接测试最大摄氧量的方法。

② 初步了解测试中各指标的含义并尝试对专项运动特点进行分析。

③ 学习最大摄氧量在选材、训练中的应用。

（2）通气无氧阈测定。

（3）通气无氧阈与乳酸无氧阈比较。

（4）运动心肺功能评价。

（5）不同运动项目和工作状态的能量消耗。

3）测试过程中需要观察的知识点

（1）呼吸系统　呼吸频率、摄氧量、二氧化碳呼出量、通气量、呼吸商、最大摄氧量等。

(2) 循环系统　心率、最大心率。

(3) 运动负荷　递增负荷、定量负荷、恒功率、恒阻力。

4) 达到最大摄氧量的参考指标

(1) 继续运动，两次吸氧量的差别在 5%以下或每分钟 150 mL 以下或 2 mL/(kg·mL)以下。

(2) 呼吸商＞1.10(成人)或＞1.0。

(3) 心率 180 b/min 以上。

(4) 受试者主观感觉精疲力竭不能继续运动测试。

(5) 血乳酸接近或超过 10.0 mmol/L。

3.4　心肺功能仪器的测试应用

1) 测试流程(如表 3.3 所示)

表 3.3　测试流程

设备硬件连接检测	连接设备的部件	测试之前必要准备	设备的校准检查	执行测试具体步骤	测试附件的佩戴
	设备预热		测试负荷方案的制定		执行预备测试
	打开负荷设备电源		受试者信息输入		观察测试进程
	打开计算机电源		准备实际测试		负荷的手动控制
	执行设备检查		执行周围气体校准		测试结束注释

2) 测试之前必要准备

通常气体校准每月执行一次，流量传感器每次测试前进行一次(一天一次)，周围气体校准每次测试都必须进行。

(1) 负荷方案的制定。

(2) 受试者个人信息的输入。

(3) 测试屏幕的制定，将现有屏幕设为“默认屏幕”。

(4) 准备测试。选择受试者，选择配置系统(如果已经确定，可忽略)，定义测试设置(选择负荷方案)，执行预备测试前先进行周围气体校准。

3）执行测试的步骤

（1）受试者测试传感器的佩戴　佩戴心率带（注意要在两个传感器上涂水）、头罩与面罩（确保不能漏气），安装流量传感器（涡轮传感器）、气体采样管。

（2）执行测试预备　检查设备测试的各个参数是否采集正确，及时调整传感器位置，时刻观察测试的进程。当受试者运动到力竭而测试尚未完成时，可手动控制负荷跳转到测试恢复期。

（3）停止测试　添加测试注释，说明测试情况。

4）测试数据的分析

（1）执行测试结果评估，打开要分析的测试数据。

（2）数据的平滑处理（通常 30 s 数据平均）。

（3）心肺功能生理参数的计算，如 $V_{O_2 max}$；AT；Fatmax；Zone trainer 等。

（4）报告设置。

（5）报告打印输出 $V_{O_2 max}$ 报告、AT 报告、表格报告、图表报告。

（6）数据导入与导出或数据库备份。

3.5　心肺测试系统 Cortex Metamax 3B 硬件设备的使用

1）测试准备

（1）将面罩上的头套拉开并戴到患者或被测人员的头部，如图 3.1 所示。

（2）然后固定底部夹子，如图 3.2 所示。

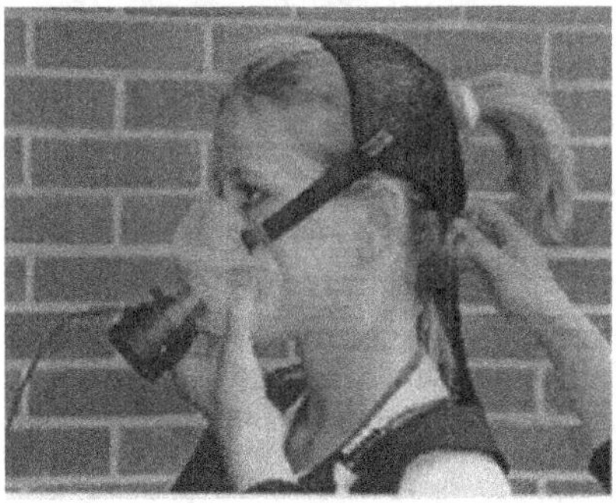

图 3.1　操作流程 1

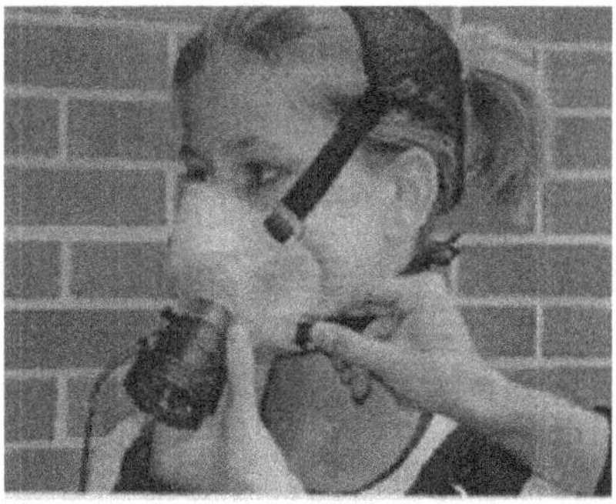

图 3.2　操作流程 2

（3）使用维可牢尼龙搭扣调节头套的松紧程度，以使面罩适合患者的脸型。

注意要确保没有空气泄漏，如图 3.3 所示。

(4) 为了保证面罩下没有空气泄漏，可以用手掌拖住流量传感器，请你的患者或被测人员呼吸时经过流量传感器呼吸。如果没有空气从面罩边泄漏，就说明面罩符合佩戴要求。否则请患者或被测人员用其他尺寸的面罩或者调节头套带子的松紧程度，如图 3.4 所示。

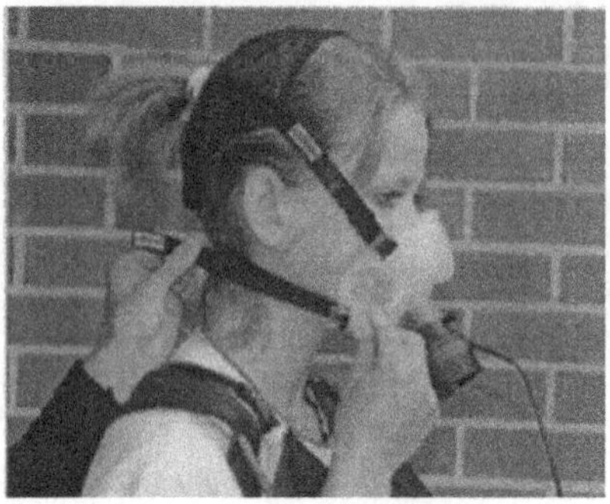

图 3.3　操作流程 3

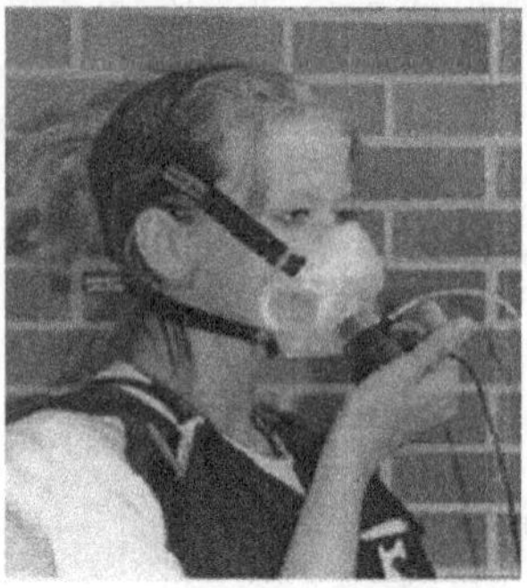

图 3.4　操作流程 4

2）开始测试

被测人员现在已经准备好开始进行测试，如图 3.5 所示。Metamax 3B 准备好开始进行测量，就可以开始心肺运动实验(CPX)测试了。Metamax 3B 准备好开始进行测试，绿色指示灯会亮。

图 3.5　操作流程 5

(1) 作为配有精心设计的数据记录器的便携式系统，Metamax 3B 可以做离线测试，即不使用计算机和在线实时数据遥感传送器。所有的采集数据都被存储到数据记录器内。测试完成后再将系统连接到计算机或笔记本电脑读出数据并使用 CPX 测试的 MS(指 Meta Soft，设备自身的软件)分析评价测试结果。

(2) 如果遥感数据传送器无法使用，语音指导模块会帮助你安全地准备和进行离线测试。

① 按照前面章节的描述启动 Metamax 3B，做好患者或被测人员及设备的

各项测量前准备。

② 将耳机线插入 Metamax 3B 主机的 Audio Socket 插口，戴上耳机，按照语音的提示操作。启动主机后，黄色指示灯会闪烁，表示自检正在进行，如图 3.6所示。

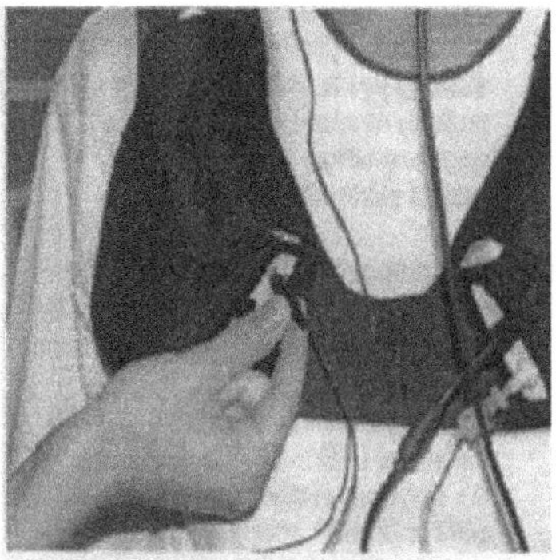

图 3.6　操作流程 6

③ 当 Metamax 3B 做好下一步操作准备后，黄色指示灯会变亮。现在系统会要求操作者在测试前进行一点校准测量(周围气体测量)。

(3) 按下 Metamax 3B 主机上的 Start/Stop 按钮(面板上的第二个按钮)开始校准测量。对周围空气进行测量时，不能呼气到流量传感器或采样线中。绿色指示灯亮说明校准结束，系统现在可以开始进一步测量了。可以进行下一步的测试。在一点校准后，按下 Start/Stop 按钮开始测试。在测试过程中，绿色指示灯会闪烁，黄色指示灯熄灭。一旦测试开始后，你可以通过耳机听到参数值，使你能够检查测量值是否被正确地接受。在被测人员开始测试后，断开耳机的连接。

(4) 再次按下或者要求患者或被测人员按下 Start/Stop 按钮可以结束测量。一旦测量停止，黄色指示灯就会变亮，表明现在系统已准备好为下一次测试做一点校准测量。

3) 测试设定

作为轻质量的移动(便携)系统，Metamax 3B 的允许使用者，包含范围广泛的被测试人员——从患者到优秀的运动员，从成人到儿童。可以选择任何种类的运动方式，在任何运动活动中对被测人员进行测量(比如日常活动、散步、攀爬楼梯、在工作地点、在跑道进行训练)，在任何环境进行测量(比如室内和室外)。

如果将系统作为固定系统使用，在压力实验室进行跑步机或脚踏车测试，并在计算机上进行在线观察。跑步机或脚踏车可以通过 Meta Soft 软件进行控制。如果在固定环境中使用，数据既可以通过遥感传送器传送，也可以直接连接到计算机进行传送。

3.6 心肺测试系统 Cortex Metamax 3B 软件数据收集与分析

1) 测量参数

(1) 基础代谢率(BMR)。

(2) 安静能量消耗(REE)。

(3) 糖、脂肪、蛋白质的供能比例。

(4) 输入尿氮值，软件可自动计算糖、脂肪和蛋白质的供能比例。

(5) 运动过程中的最大脂肪氧化速度。

2) 软件功能

(1) 通过软件可设定测量过程的稳态。

(2) 测试结束后，通过该软件可自动得出营养评估报告，也可将数据导出 Excel 格式进行统计分析。

3) 肺功能测试软件应用

利用心肺功能测试设备，用户可实现肺活量测试功能，如肺活量(VC)测定、用力肺活量(FVC)测定、最大自主通气量(MVV)测定、最大呼气流速(PEF)测试等，从而评估人体肺功能。

测量参数(如图 3.7 所示)：

(1) 肺活量测试。

(2) 用力肺活量测试。

(3) 最大自主通气量测试。

(4) 最大呼气流速测试。

4) 软件功能

(1) 得出四种测试的综合结果报告或单一测试报告。

(2) 进行前后两次测试结果对比。

5) 数据分析与评价反馈

(1) 执行测试结果评估，打开要分析的测试数据。

(2) 数据的平滑处理(通常 30 s 数据平均)。

(3) 心肺功能生理参数的计算，如 $V_{O_2 max}$；AT；Fatmax；Zone trainer 等。

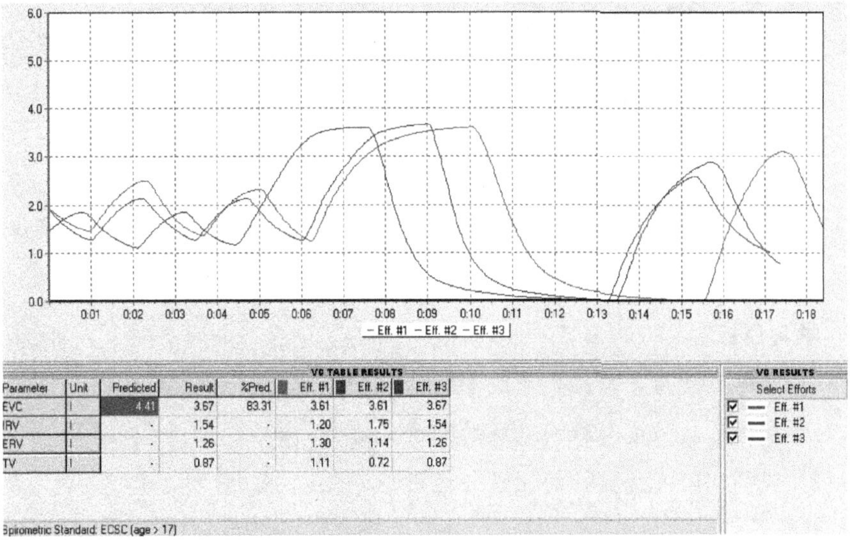

图 3.7 操作界面

(4) 报告设置。

(5) 报告打印输出 $V_{O_2 max}$ 报告、AT 报告。

(6) 数据导入与导出或数据库备份。

习题

1. 简述各供能系统或供能物以最大输出功率供能时维持运动的强度和时间。

2. 简述最大摄氧量定义、主要应用及影响因素。

3. 简述心肺功能仪器的测试应用。

4. 简述心肺测试系统 Cortex Metamax 3B 硬件设备的使用及数据收集与分析。

4 运动强度与肌肉系统的指标与测试

［学习目标］

（1）了解运动强度与肌肉系统影响。

（2）掌握运动强度与肌肉系统的测试方法。

（3）理解肌肉疲劳监控的测量与运用。

身体活动和体育运动由身体的有效和有目的的动作完成，这些动作都源于骨骼肌的收缩及杠杆系统。因此必须增加肌肉力量训练来提升最佳的运动表现。人体大约由 200 块骨骼和 400 块肌肉构成。力量训练主要对身体中较大的肌肉和各部位具有代表性的肌肉进行强化。

4.1 肌肉疲劳的原因

肌肉做功和抵抗疲劳的绝对能力与肌纤维类型有关。快肌纤维以无氧代谢供能为主，具有输出功率大而易疲劳的特点；慢肌纤维以有氧代谢供能为主，具有输出功率小而抗疲劳能力较强的特点。

从供能系统看，磷酸原系统主要为短时间极量和近极量无氧运动提供能量，其储存量仅能维持 10 s 左右的运动。因此，储存的腺嘌呤核苷三磷酸(ATP)和磷酸肌酸的耗竭是短时间极量和近极量无氧运动肌肉疲劳的原因之一。

依靠糖酵解提供能量的短时间大强度运动会产生乳酸。作为一种强有机酸，乳酸解离产生 H^+ 离子，从而引起肌肉内 pH 下降。而 H^+ 离子的累积会干扰钙离子与肌钙蛋白的结合，从而干扰肌肉收缩过程，并导致疲劳发生。

当运动强度相对较低，运动持续时间相对较长，肌糖原将分解为运动提供能量。然而,肌糖原的储存量是有限的(一般人肌肉中肌糖原的储存量为 300～400 g)。如果肌糖原大量分解消耗,肌肉就会产生疲劳。在负荷较小和重复次数较多以及练习的组数较多的抗阻训练中,肌糖原含量可能会成为运动负荷总量的限制因素。

4.2 肌肉运动性疲劳的判断

1) 测定肌力评价疲劳

肌肉力量下降是肌肉疲劳的显著特征,也是判断运动性疲劳的重要指标。一般情况下,如果运动后肌肉力量明显下降,且不能及时恢复,即可视为肌肉疲劳。在评定运动性疲劳时,应根据参与运动的主要肌群确定测试内容,如以上肢为主的运动,可测试其握力或屈臂力;以腰背肌为主的运动,可选择测试背力等。具体测试方法为:①握力和背肌力的测试。其一,每天早晚各测一次,求出数值差,如果次日晨已恢复,则表明为正常肌肉疲劳;其二,首先在运动前连续测试若干次肌肉力量,计算平均值,待运动结束后,再进行同样方式的力量测定,如果肌肉力量水平值低于运动前水平,或几次力量测试值连续下降即可视为疲劳,如果一次练习后连续几天肌肉力量不能恢复,则表明疲劳深度较深。②臂力测试。受试者两臂与肩同宽,两手正握单杠悬垂于单杠上,然后做屈肘引体向上,每次间隔时间 2～3 s,记录其完成次数。运动前后各测试一组,若运动后完成次数少于运动前,即可视为疲劳现象。

2) 生物电评价疲劳

肌电图(EMG)反映了肌肉兴奋时电活动变化的特征。在运动过程中,肌电图变化可以评定神经系统及骨骼肌的机能状态。通常评定肌肉疲劳的肌电图有平均功率频率(MPF)、中位频率(MF)、电机械延迟(EMD)、积分肌电(IEMG)和均方根振幅(RMS)等。肌肉疲劳时,肌电图可表现出积分肌电幅值和均方根振幅增大,平均功率频率和中位频率降低,以及电机械延迟延长等现象。而且肌电图的这些变化随运动疲劳程度的加深而更加明显。

3) 主观感觉判断疲劳

主观体力感觉等级(RPE)是判断疲劳的重要指标。运动时来自肌肉、呼吸和心血管方面的刺激,都会传到大脑皮质而引起感觉系统应激。大脑细胞通过对传入信息的综合分析而对其他工作能力做出相应调整，如果感觉疲劳，往往会产生一种需要停止工作的预兆，因此，疲劳的主观感觉往往是真正疲劳的信号。具体测试方法：令受试者在功率自行车或跑台上做递增负荷运动，并观察 RPE 量表，受试者在运动过程中每增加一级负荷，应在 RPE 量表上指出自我感觉等级，表中等级乘 10，即为受试者完成该负荷运动的心率。如果机体出现疲劳，主观体力感觉等级将相应下降，如图 4.1 所示。

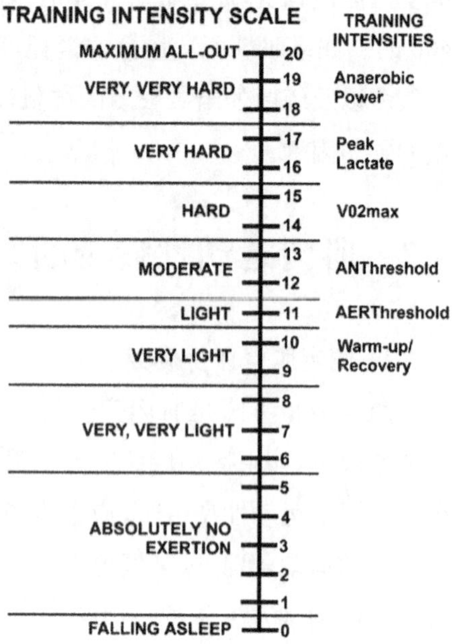

图 4.1　主观感觉判断疲劳图

4）肌肉硬度判断疲劳

肌肉硬度是反映肌肉放松程度的重要指标。当骨骼肌出现疲劳时，肌肉收缩能力和放松能力均下降，往往导致肌肉不能充分放松，硬度增加。具体测试方法是：将硬度计圆柱体置于被测肌肉表面，使圆柱体紧贴皮肤，缓缓施加压力，记数盘上即可显示出力量大小，连续测定三次肌肉放松状态下的肌张力，并记录最小值。如果肌肉硬度增加，即表明肌肉放松能力较差，疲劳尚未恢复。

4.3　肌肉评估系统的生物学参数

目前有多种干预手段被用于理疗运动医学。这些手段当中的大多数（按摩、磁疗、热敷或冷敷、治疗性运动等）都是为了矫正肌肉张力（Muscle Tone）。目前，评价康复中的肌肉张力的客观标准仍然欠缺。骨骼肌系统有两个主要的功能——运动和支撑功能。目前已经有很多方法和设备可以用来测量骨骼肌的运动功能。但其支撑功能较少被研究，这在一定程度上是由于缺少适当的测量方法。当前，有仪器设备用于无创伤地测量任何浅表骨骼肌（以下简称“肌肉”）和其他生物软组织（以下简称“组织”），无论放松状态还是收缩状态均可测量。该仪器含有独特的系统设计，使之能以相对于水平面的任意角度来进行测量，而且在零重力状态下也能测量。

该仪器可测量计算得到如下 5 个参数：

1) 肌肉压力状态

F——自然阻尼振荡频率，用于描述肌张力(Tone)，是肌肉在自然放松状态下，没有任何自主收缩状态下的固有压力(也就是 EMG 在本底水平)。亢进和肌肉压力上升都会导致血液供给减小，从而导致肌肉恢复情况不良和容易疲劳。肌肉在收缩状态下的振动频率指示了肌肉的压力。*F* 的精度为±0.5%。

2) 生物力学特征

(1) *D*——自然阻尼振荡的对数衰减值，用于描述弹性和机械能的耗散；振幅的对数衰减值，用于描述肌肉的弹性。弹性是肌肉的生物力学特性之一，它揭示了肌肉收缩或受到挤压后恢复到原始形态的能力。肌肉弹性与振幅的对数衰减值成反比例。

理论上，对数衰减值为 0 表示绝对弹性(肌肉振荡时振幅不会衰减)。对数衰减值描述了在一个振荡周期内与肌肉的机械能量消散相关联的抑制率。如果肌肉的机械能量消散得越少，肌肉就越有弹性，肌肉越有弹性其功能就越强。与弹性相反的特性为黏性或柔软性。*D* 的精度为±1.5%。

(2) *S*——动态硬度(单位为 N/m)。硬度也是肌肉的生物力学特性之一。它描述了肌肉抵抗收缩或抵抗外部压力使之形变的能力。较高硬度的肌肉需要更大的努力作用在主缩肌上才能把拮抗肌伸展开，这会导致运动效率低下，与硬度相反的特性为可塑性。*S* 的精度为±1%。

3) 黏弹性

(1) *C*——肌肉放松时间和形变时间的比率，描述了 CREEP(德博拉数)；它体现了当肌肉处于持续恒定的压力下，其逐渐伸展的特性，是肌肉内部机械压力释放时间与受外力作用而产生最大形变的时间的比率。*C* 的精度为±0.8%。

(2) *R*——肌肉内部机械压力释放时间。它是指在主动收缩或外部压力撤除后，肌肉从变形状态恢复到原始状态所需要的时间。*R* 的精度为±0.8%。

以上 5 个参数的界面示意图如图 4.2 所示。

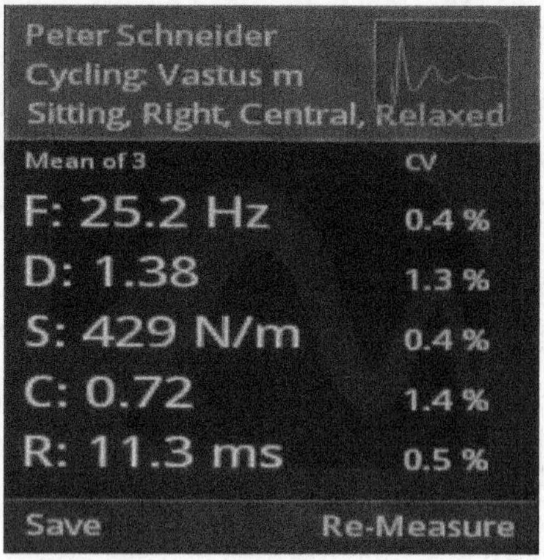

图 4.2　5 个参数的界面示意图

4.4　肌肉分析系统 MyotonPRO 在运动训练中的测量与运用

在运动训练领域，肌肉分析系统 MyotonPRO 可以观察肌肉训练效果、分析肌肉过度训练的原因、优化肌肉训练方案、预防肌肉和肌腱的损伤。无论是放松状态还是收缩状态，该系统都可以测量肌肉功能状态的各种参数。例如肌肉张力、肌肉弹性、肌肉硬度。

1）测量方法及过程

MyotonPRO 测量方法的要素，包含以加速度曲线图记录生物软组织的自然阻尼振荡，然后同步计算出反映肌肉状态的参数，包括肌肉压力状态、生物力学特征和黏弹性参数，如图 4.3 所示。该测量方法客观、安全、无创伤、无痛感、快速、经济、无须耗材。

2）测量步骤

（1）一个恒定的预压力（Pre-pressure）加到被测肌肉的皮肤表面，由此一个轻微的压力作用于皮下组织。

（2）紧接着在施加预压力的同一位置，仪器快速释放一轻微恒定压力的机械脉冲。

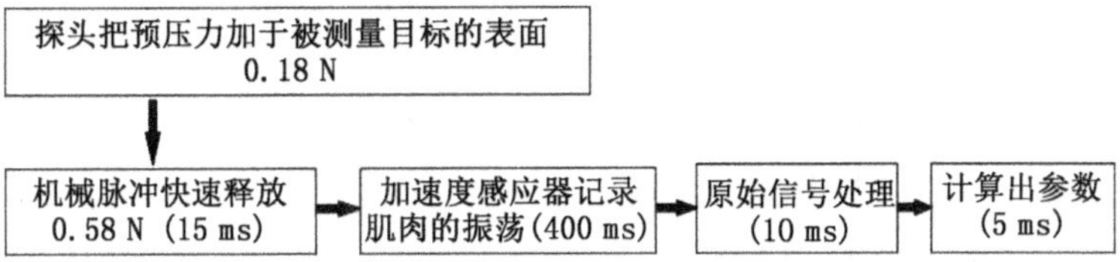

图 4.3　测量方法及过程图

(3) 肌肉对施加在其上的机械脉冲做出响应,产生自然阻尼振荡。

参加谐振的物体包括:

① 被测量的肌肉。

② 被施加了预压力的覆盖在肌肉之上的皮下组织。

③ 探头、谐振被加速度探头以加速度曲线图的方式记录下来。

(4) 步骤(3)所得到的原始信号中,高频和低频信号被过滤掉不被采用。

(5) 以振荡信号为基础,计算出反映肌肉压力状态、生物力学特征和黏弹性的数值。

由于机械脉冲作用在肌肉上的时间非常短(15 ms),而且压力极轻微[预压力 0.18 N+作用力脉冲 0.40 N=0.58 N],因而不会在被测的肌肉上产生残留变形,也不会产生神经反应。通过位于肌肉上方的皮下组织记录肌肉的自然阻尼振荡是可行的,这是因为:

① 在测量过程当中,皮下组织被探头以恒定的预压力按压着。

② 参与谐振的肌肉质量大于覆盖其上的皮下组织。

以恒定的预压力(Pre-pressure)作用于皮下组织是必需的。只有施加了恒定的预压力才能使探头透过皮下组织来记录肌肉的自然阻尼振荡。恒定预压力为 0.18 N,是系统固定的,操作者不能修改该数值。

(6) 使用限制。

该仪器不能测量:肌肉群;薄的肌肉(<3 mm);小质量的肌肉(<20 g);不可触摸到的肌肉;位于其他肌肉下方的深层肌肉;不能分类作为生物软组织的组织。下述情况要获得实际测量结果可能很困难:

① 在肌肉长度处于最大或最小状态下测量。

② 过厚的皮下脂肪层,甚至连触诊都达不到的肌肉组织。

③ 被测量者的姿势限制，肌肉完全放松或者很难达到稳定的肌肉放松状态。

④ 操纵者握持测量仪器的手没有稳定的支撑并且发抖。

⑤ 没有支撑的薄肌肉或者被测肌肉硬度过低。

3) 测量过程的要求

(1) 测量角度范围　要从不同角度进行测量，必须遵循下述操作原理。

① 无论采取何种测量角度，测量探头都必须垂直于被测目标的垂直表面，如图 4.4、图 4.5 所示。

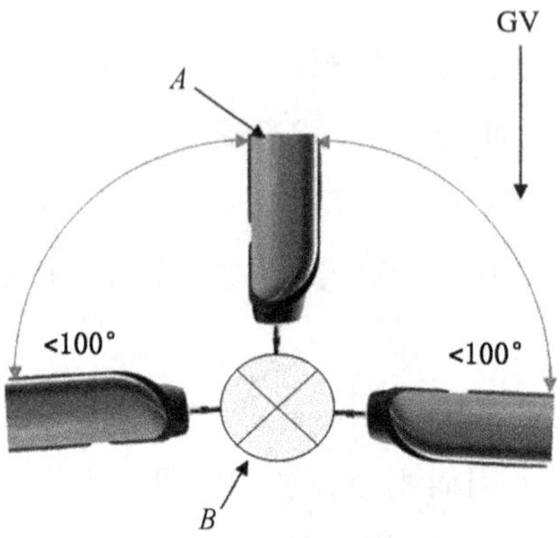

图 4.4　操作流程 1

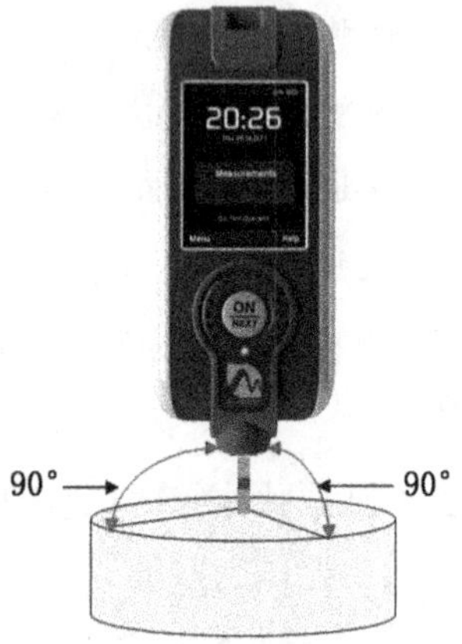

图 4.5　操作流程 2

② 建议不要采用探头朝上的方向进行测量(也就是与重力方向相反的方向)，因为在这个方向，肌肉的自然阻尼振荡受肌肉自身的重力所产生的压力影响较大。

(2) 对测量环境的要求　测量环境必须保持安静，保证没有外来因素的干扰(例如：强光、噪声、振动、过高或过低的温度、他人的干扰等)。

(3) 被测量者的准备　在做被测量者的准备工作时，被测量者应该：

① 在前 3 h 不应该服药，因为药物会影响测量结果；测量过程是完全无创伤、无痛、无伤害并且不会造成任何的不适(该解释的目的是要消除被测量者的忧虑紧张情绪)；如果要进行长时间的监测，建议最好每次测量都在近似同一时间，以保证每次测量时被测者均保持在相似的身体状态。

② 应确保被测量者采取完全放松的姿势，并且后面的测量可以容易地重复

(最理想的情况是采用专用的检查床或按摩床)。

在测量过程当中,被测量者无须改变身体姿势,只要尽量放松即可,衣服和其他东西不能与被测肌肉接触,因为这些东西会限制肌肉的振荡,从而影响测量结果。测量时,被测肌肉不应处在最大长度,也不应为最小长度。肌肉是需要支撑的,包括自然支撑(Natural Support)或人工支撑(Artificial Support)方式。自然支撑是指被测者的肌肉或其他软组织由骨骼系统支撑;人工支撑是指被测量的肌肉或其他软组织是由人工支撑。若要重复或对比测量,必须取同一测量点,并且同一正常的肌肉长度,若要重复测量对比同一个人,被测者的姿势必须每次均保持一致,以确保符合以下条件:相同的肌肉长度,探头相对于皮肤表面的角度一致,同时也要保证测量仪的角度每次都一致,除非出于研究的目的。

4) 准备工作

(1) 建立和定位被测肌肉的轮廓(Contours),然后用皮肤记号笔在具有最大横切面的肌腹上部标记测量点。

(2) 若要测量身体两侧同样的肌肉,则需要确保两侧肌肉的测量点在对称位置。

(3) 在测量前一刻,用触摸被测肌肉和询问被测者两种方法检查被测肌肉是否处于完全放松的状态。

提示:在某些情况下,最好对测量过程进行拍照,以便下一次测量时进行对照,确保被测者后续测量的体姿与前面的一致。

5) 对测量仪的调整要求

进行测量前,操作者必须检查测量仪的设置:

(1) 以下几个测量仪的物理参数设置对测量结果会产生重大影响,尤其是要对同一目标进行重复对比,必须确定参数冲击时间(Tap Time)、冲击脉冲时间间隔(Tap Interval)、探头直径(Probe Diameter)是否一致,否则就没有可比性。

(2) 测量时除了探头直接接触覆盖在被测肌肉上方的表皮之外,仪器的任何其他部分都不与被测者接触。

(3) 测量探头是与被测点处的皮肤表面呈垂直状态。

(4) 测量时,仪器必须在测量位置允许的范围内保持最大限度的稳定。这个测量脉冲产生时刻的位置可以通过如下方式确定:在探头上,宽度为 3 mm

的绿色标记，测量时探头端的光提示，当红光变成绿光时，延时 1 s 机械脉冲就会产生，保持位置（“Hold Position!”）出现在测量主机的液晶屏上；系列测量必须在同一测量点上完成，在机械脉冲产生以及肌肉响应振荡之时，探头都必须稳定在测量点上，不可在皮肤上滑动。握持仪器的手必须要有支撑，这样可以最大限度地保证仪器的稳定以及使操作者处于舒适的位置，以完成系列测量；在测量系列进行过程当中，仪器须轻轻握持，不可用力握紧；在整个测量系列进行当中，操作者必须把注意力集中在探头上，使探头达到正确的测量位置，不能受其他因素的影响。

4.5 MyotonPRO 软件中做测量结果分析

1）下载

把测量结果从仪器设备上传到电脑软件中。

2）建立对称性报告

对称性报告（Symmetry Report）是同一个被测者的测量结果报告。除了同时展示被测者的左右侧参数（F、D、S、C 和 R）之外，还显示了两侧参数之间的差异[对称指数（Symmetry Index）]。

3）建立 Multiscan Analysis 报告

分析结果报告是针对同一个被测者任意两次采用 Multiscan 方式测得的测量结果的统计学对比报告。

提示：可以进行同一块肌肉的前后对比，也可以进行不同肌肉之间的对比。

4）导出测量结果参数

软件内可把测量结果导出为能被微软 Excel 程序打开分析的 CSV 格式的文件，有两种方法可以把测量结果数据导出为 CSV 格式文件。

（1）自动导出数据　自动数据导出功能可以把测量结果导出为 CSV 格式的文件，供数据分析及图表分析应用。

（2）手动导出数据　手动导出测量结果数据可在数据导出窗口进行操作，根据以下操作步骤就可以从软件中把测量结果导出为 CSV 格式文件。

4.6 高水平运动员肌肉疲劳监控

1) 高水平运动员测量计划

要检测的肌肉为与该项运动有关的最重要的肌肉，以及有问题的肌肉（两边放松状态）。每个队员的检测时间为 2～5 min（每个环节具体要以检测的肌肉数量而定）。

第一周首先在训练前用多重扫描（Multi Scan）（每块肌肉检测 20 次）方式进行检测用于建立个体基准。接下来的日子，每天在训练前用 Triple Scan 方式进行检测，以建立个体标准，监测显示训练效果。竞赛日，在比赛前用 Triple Scan 方式进行检测，以探测最佳的赛前肌肉状况参数。

接下来，训练前用三重扫描（Triple Scan）方式进行检测，以监测恢复情况，避免过度训练。比赛日当天，则在比赛前用 Triple Scan 方式进行检测，以探测最佳的赛前肌肉状况参数，用恰当的热身或者按摩来提高肌肉的状态。

2) 高水平运动员测量的目的

第一周，监测训练过程的效果可以查看趋势图，看肌肉性状是否正在训练过程当中朝着期望的方向发展。避免肌肉的不平衡——监测身体两侧的差异，查看评分"Symmetry Index"。若有必要，给予评分较高的体侧（超过 10%）以更多的伸展和按摩。

接下来的周，监测恢复情况，避免过度训练——第一个微循环之后，运动员的个体标准应该已经建立。为了便于比较，可建立报告或者在趋势图上进行跟踪。避免肌肉不平衡——监测身体两侧的差异，查看评分"Symmetry Index"。若有必要，给予评分较高的体侧（超过 10%）以更多的伸展和按摩。探测出最佳的赛前肌肉状况——在一轮最成功的比赛之后，在表格上记录下赛前的肌肉性状作为报告。从长远来看，应以最佳的比赛结果所记录的肌肉参数作为基础来建立个体标准。将来就可以通过调整训练/恢复的比率来达到或接近这一标准。

3) 测量步骤

在测量之前告诉被测者大致的测量步骤，必须知会他测量是完全无痛的，被测者应当尽量放松。测量采用平躺状态来进行（平躺在一张带有头部安放孔的按摩床上）。以下系列视图给出了一个放松状态下进行测量的范例。

（1）探测和标记被测肌肉上的测量点，通常测量部位应该遵循先测身体左侧再测右侧的原则。被测量者需要尝试用力使被测部位的肌肉能让操作者的手感觉得到，这样操作者就可以通过触觉和视觉来确定肌肉腹部的准确位置。等肌肉放松后，操作者就可以用记号笔标记测量点（通常建议标记在肌腹的中心点）。

（2）检测的步骤依照检测方案中的模式的选择（机器本身预先设定），通常要先检测身体左侧的肌肉然后再检测身体右侧的肌肉。被测人要以非常舒适的姿势平躺，并且要尽量放松肌肉。

针对不同种类的运动，建议测量以下肌肉的性状：

• 上肢（Upper Extremity）。

• 指伸肌（Extensor Digitorum）。

• 桡侧腕屈肌（Flexor Carpi Radialis）。

• 下肢（Lower Extremity）。

• 胫骨前肌（Tibialis Anterior）。

• 腓长肌（Gastrocnemius）。

• 股直肌（Rectus Femoris）。

• 股二头肌（Biceps Femoris）。

• 胸部（Thorax）。

• 竖脊肌（Erector Spinae）。

• 斜方肌（上部和中间的位置）[Trapezius（Upper and Intermediate Area）]。

4）各部位测量方法

（1）指伸肌（Extensor Digitorum） ①肢体的位置：上肢从手肘处弯曲，与上臂轴向呈 30°～45°角，手掌向下。②测量点的位置：距离手肘为上肢长度1/3的位置，偏差不超过±10 mm，在肌肉腹部的正中。

（2）桡侧腕屈肌（Flexor Carpi Radialis） ①肢体的位置：掌心向上，距离手肘关节为上肢长度的 1/3 的位置，肌肉腹部的中心位置。② 测量点的位置：距离手肘关节为上肢长度的 1/3 的位置，偏差在±10 mm内，在肌肉腹部的中心位置。

(3) 胫骨前肌(Tibialis Anterior) ①肢体的位置：脚部搁置在按摩边上。② 测量点的位置：小腿的 1/3 长度，偏差在±10 mm 内，靠近胫骨，在肌肉腹部的中间位置。

(4) 股直肌(Rectus Femoris) ①肢体的位置：脚部搁置在按摩边上。② 测量点的位置：大腿远端 1/3 的位置，在肌肉腹部的中心。③俯卧位体位：头部搁置在按摩床的孔洞上，用前额作支撑，头部尽可能放置平直，前臂从肘部处自然向体侧弯曲。

(5) 斜方肌(上部)[Trapezius (Upper Area)] ①肢体的位置：俯卧姿。② 测量点的位置：肌肉的上部，距离身体中心线偏侧为整块肌肉 1/3 的位置，与 C7 位置水平。

(6) 竖脊肌(Erector Spinae) ①肢体的位置：俯卧姿。②测量点的位置：距离身体重心线偏侧 2～3 cm，在腰椎 Th12～L3 之间。

(7) 腓长肌(Gastrocnemius) ①肢体的位置：脚部搁置在按摩床的边沿(从踝关节开始)。②测量点的位置：胫后部，远端 1/3，在肌肉腹部的中心。

(8) 股直肌(Rectus Femoris) ①肢体的位置：脚部搁置在按摩床的边沿(从踝关节开始)。② 测量点的位置：大腿长度 1/3，靠中间的位置，在肌肉腹部的中心。

5) 分析方法

根据训练的内容，肌肉特性参数将会随着时间的推移朝着某一方向发展。当这些参数的改变被记录并显示，训练效果就可以被客观地评价。如果弹性下降(或者说对数衰减值上升)和肌肉张力升高(肌肉在放松状态下的振动频率升高)，这种情况通常说明了肌肉处于疲劳状态和运动能力下降。正常情况下，训练过程中肌肉的弹性应该保持在同一水平或者有所改善(上升)。进行一组以打破动态平衡为目的的训练，肌肉状况参数理应显示短期的上升趋势。这两种情况都可以用监测来跟踪其变化。为了显示变化趋势，肌肉的检测可以视客观需要在不同的周期进行检测。(例如：每次训练前后/进行医疗处理或者在较长训练周期中的每天进行)。图表中的每个检测点可以显示 Triple Scan 方式检测的结果，也可以显示以 Multi Scan 方式检测的结果。当采用 Multi Scan 模式进行检测时，图表也显示了每次检测循环中肌肉参数的可变性。

根据图表来显示的变化趋势，我们就可以评估肌肉参数是否随着时间的推移正朝着我们想要的方向发展,从而就可以调整训练/复原率。

6) 力量诊断,身体不同部位肌力测试

对于最小训练周期在本章节中的描述,首先根据预设立的训练目标,建立训练时间为 4 周的训练方案,如表 4.1 所示。每周会根据具体的训练目的安排时间和任务,每个单次训练课时间在 120～180 min,同时预设训练强度。由于只是设定 4 周的训练方案,因此在这 4 周时间内建议采用较多不同的训练类型,但是训练类型如果过于细致纷杂,参训人员就会消耗更多时间用于学习新动作,重复熟练的训练时间就会相应缩短,因此,主体分类建议不超过 6 种;同时也不建议类型过于单一,因为过于枯燥的重复方式,会导致参训人员的精神疲劳,可能在第二周的训练中就会出现情绪低落,甚至抵制情绪,至此,对于训练类型建议设置在 3～6 种之间,如表 4.2 所示。

针对 4 周方案中设置的 3～6 种训练类型,对于其练习规格、要求等可以在具体的训练计划中表现。包含动作要求、强度类型、单次数量与整体组数。间隔密度根据动作训练与功率训练的差异,即训练目标设定,偏向动作、力量类型或是偏向功率、速度类型,逐一制定完成。

表 4.1　4 周训练方案

周次	主题	周日	周一	周二	周三	周四	周五	周六	周负荷	
		16	17	18	19	20	21	22	时长	强度
1	适应与 动作训练				动作准备 动作链	动作准备 快速伸缩复合I 力量训练 I	动作准备 快速伸缩复合I		10 h	3 日 学习 60%~80%
		23	24	25	26	27	28	29	时长	强度
2	灵活度 延伸 稳定力量		动作准备 动作链 快速伸缩复合 I/II	动作准备 动作链 力量训练 II	再生训练 新动作学习	治疗	动作准备 速度灵敏 内容确定		14 h	4 日 学习 70%~85%
		30	1	2	3	4	5	6	时长	强度
3	稳定力量 项目适配		动作准备 动作链 快速伸缩复合 II	动作准备 动作链 力量训练 II	动作准备 动作链 快速伸缩复合 II	动作链 再生训练	动作准备 动作链 力量训练 II		17 h	5 日 竞技 80%~85%
		7	8	9	10	11	12	13	时长	强度
4	测试		动作准备 动作链 速度灵敏	功能性测试	动作准备 动作链 速度灵敏	项目测试	动作链 再生训练		15 h	5 日 竞技 90%

表 4.2　4 周训练方案分类与负荷设置

训练分类	训练规格	负荷类型	强度
激活与热身	肢体灵活性与当次训练适应性练习	低密度	ca. 60%
动作准备	球窝关节与脊柱灵活度；间断动作链	1:5	≤80%
动作链延长训练	稳定力量 肌肉力量性延展力；动作链延长	1:3	≤80%
快速伸缩复合训练	稳定力量；不同关节角度力量控制	I, 1:3; II, 1:1.5	≤90%
力量训练	弹性抗阻；脊柱稳定前提下的单侧力量训练	I, 1:3; II, 1:2	85%～95%
灵敏与速度	冲击适应与速度；绳梯步速；视听与动作反应	1:1.5~1:3	90%
再生训练	AIS 主动；牵拉绳；泡沫轴	持续	

习题

1. 简述肌肉运动性疲劳的判断方法及内容。
2. 简述肌肉分析系统 MyotonPRO 在运动训练中的测量与运用。
3. 简述如何在 MyotonPRO 软件中做测量结果分析。
4. 简述高水平运动员肌肉疲劳监控的要点。

5　动作与竞技表现的测试与分析

［学习目标］

(1) 理解动作与竞技能力之间的关系。

(2) 了解二维动作分析软件适用范围。

(3) 掌握二维动作分析软件 Simi Motion 2D 的应用与操作流程。

Gray Cook 的功能性动作筛查（Functional Movement Screen）中将竞技能力的短板与代偿动作的出现都与动作训练关联起来。由此可见，对动作进行物理分析是当今提高运动训练水平的一个重要环节。动作分析的前提就是对参与运动的不同个体进行客观的测量，例如，形态、长度、角度、质量等，而检测动作效度的方式则是通过计算动作完成时的输出功率来实现的。再者，是采集同项目中众多优秀运动员的动作视频，用专业软件对其进行分析、统计，进而建立数字与图像模型进行比对。

5.1　二维动作分析软件的实践应用与操作

1) 运动动作与竞技能力的关系

对于个体竞技运动，我们也可以从另一个角度去理解，运动项目中的动作都是由身体各部位的动作链构成的。进而可以把运动项目都看成是许多单独的动作，这些动作的“正确”与否或是其对于竞技有效性所占比值，与个体竞技能力是正相关的：对于体能需求占比越大的项目选手，或者同等技术条件下的选手，其身体动作与竞技成绩正相关程度也相对越高。目前运动训练学院专项教学对各种动作的解释大多数以教科书内容为主要依据，传统的运动项目历经了百年奥运，已经十分成熟。一些成功的“个案”——使用奇怪姿势或动作赢得奖牌的选手,大多时候也不会被众人模仿。然而,学习教科书或模仿优秀运动员,只是一种“模拟信号”,“声音图像”都不太清晰。如何将其转变为“数字信号”,使它们更透明地呈现在学生面前,也是本课程的一个重要教学内容。

2) 人体功效学在运动设备中的应用

人体功效学(Ergonomics)是根据人的心理、生理和身体结构等因素,研究人、机械、环境相互间的合理关系,以保证人们安全、健康、舒适地工作,并取得满意的工作效果的机械工程分支学科。它吸收了自然科学和社会科学的广泛知识内容,是一门涉及面很广的边缘学科。而在机械工业中,工效学着重研究如何使设计的机器、工具、成套设备的操作方法和作业环境更适应操作人员的要求。

以自行车运动为例,自行车运动可以看作是一项将人体生物力学与单车的机械力学相互结合的运动,形成尽可能完美统一,或者是阶段性的(伴随训练水平和身体能力的提高或衰退,人机系统的适配程度也会随之变化,需要根据训练记录,在不同训练阶段做相对应的调整与优化)人机系统,让骑行爱好者在训练和比赛中获得更好的运动成绩,或是在日常生活中达到锻炼健身的目的,然而,最关键的是避免骑行中出现无谓的运动性损伤。

3) 人体物理测量部位(解剖位置)及所需设备

教学时所需硬件设备:摄像机,身体形态物理测量设备[主要是测量身体各部位长度(身高,上、下肢长度,肩宽等)、足部尺寸(左右)、足部形态(足弓高度以及内、外翻足)、下肢形态(X 型、O 型或Ⅱ型腿)],测试骑行台(Bike Fitting System),不同尺寸公路车弯把(根据肩宽数据调节),不同类型坐垫(竞技与舒适类型、性别类型),脚踏、自行车锁鞋(由被测人员提供),为其合理选择与之适合的运动器材。

如图 5.1 所示,运动人体需对下列指标进行物理测量:身高、左/右脚长、下肢长、坐高、左/右臂长(分别由地面至左/右肩,分别由地面至左/右手腕)、肩宽。

通过前面的身体测量,获取身体各部位的长度数据,这些静态测量数据将用于选择与之身材相适应的运动自行车;根据确定的坐高与 Reach 长度,可以调校现有运动设备与之最大限度地适配,如图 5.2、图 5.3 所示。

Anthropometrie

		测量值(输入)		测量值(实际确认)	测量值(均值)
身高		1859	mm	1 859	1 859
左脚长		283	mm	283	277
右脚长		279	mm	279	277
下肢长		870	mm	870	904
上身长		646	mm		611
	地面至左肩距离	地面至左手最低位手指距离			
左臂长	1533 mm	875	mm	706	713
	地面至右肩距离	地面至右手最低位手指距离			
右臂长	1533 mm	868	mm	713	713
肩宽		420	mm	420	436

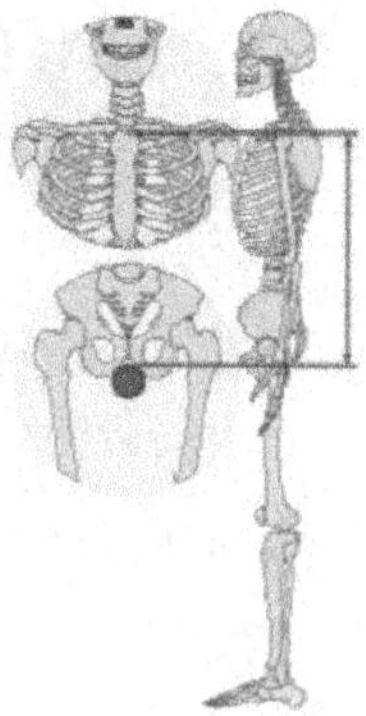

图 5.1 运动训练学院某学生的测量数据

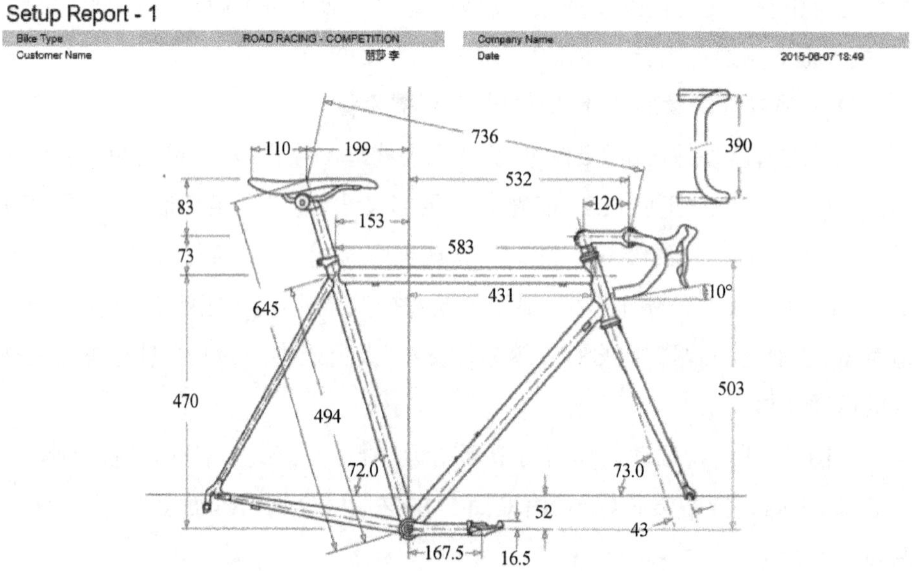

图 5.2 自行车公路赛类型车辆适配标准(完整对应)(单位:mm)

Setup Report - 2

Bike Type	ROAD RACING - COMPETITION	Company Name	
Customer Name	丽莎 李	Date	2015-06-07 18:49

Description	Original	Static		Dynamic	Diff1	Diff2	PA
		recommend	crank select				
Saddle Center X		199	197				
Saddle Center Y		613	624				
Handlebar Center X		632	534				
Handlebar Center Y		543	541				

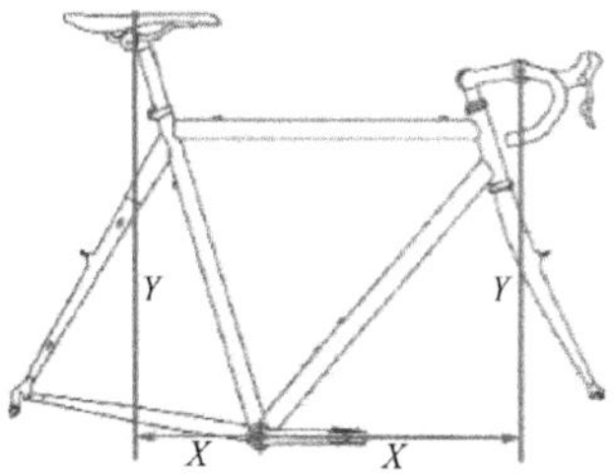

图 5.3 自行车公路赛类型车辆坐高与 Reach 长度(绝对值对应)

5.2 Simi Motion 2D 动作分析软件的适用范围

Simi Motion 2D 动作分析软件运用于教学是一项难度较高的课程:其一,软件本身十分抽象,而且未经汉化处理;其二,大部分本科学生缺乏对动作分析的基础知识,突然引入概念比较唐突;其三,运动训练学院现有体能训练设备中没有单纯结合力速感应器的训练设备,很难以学生较为熟悉的力量诊断的方式进行讲解。而且,Simi Motion 2D 动作分析软件目前只能用于二维(矢状面和冠状面)动作分析,或者使用带有功率计的 Kaiser 气阻训练设备。

经过承担本环节课程的教师多次尝试,最终确定本次试行课程的教学设计——结合人体物理测量,运用 Simi Motion 2D 动作分析软件对自行车运动动作进行分析并对骑行功效做出评估。以两次理论课形式,通过实验数据比对,讲授与演示自行车骑行动作与踩踏功效的关系。

课程首先引入人体功效学基本概念——舒适与能效最大化;对运动人体做物理测量,由于自行车运动的特点——臀部与坐垫、双手与车把,以及双脚与脚踏这几个部位接触后,固定了骑行动作。因此必须根据人体工效学进行人机适配;再通过 Simi Motion 2D 软件对视频中的动作进行分析——脊柱与头的相对位置,上肢的肩关节、肘关节,下肢的髋关节、膝关节、踝关节各动作点的线速度与角速度，在维持相同踏频下的输出功率，建立数学模型。

最终根据双手握在车把的不同位置上所产生的状态反射，以及双腿作用在脚踏上的功率数值，推算个体分别在不同骑行状态（平路、坡道、冲刺）下的运动动作“PBO”，即机械力学、运动生物力学最优化状态。

5.3　二维动作分析软件 Simi Motion 2D 的实践应用与操作

1) Simi Motion 2D 软件分析运动人体二维视频流程

选择 Create A New Project，建立一个 New Project 并保存。

在 Project 的窗口中选择 Camera，点击右键，在菜单中选择 Add Camera。根据录像数量建立数个 Camera，每一个 Camera 中存放一段录像，如图 5.4 所示。

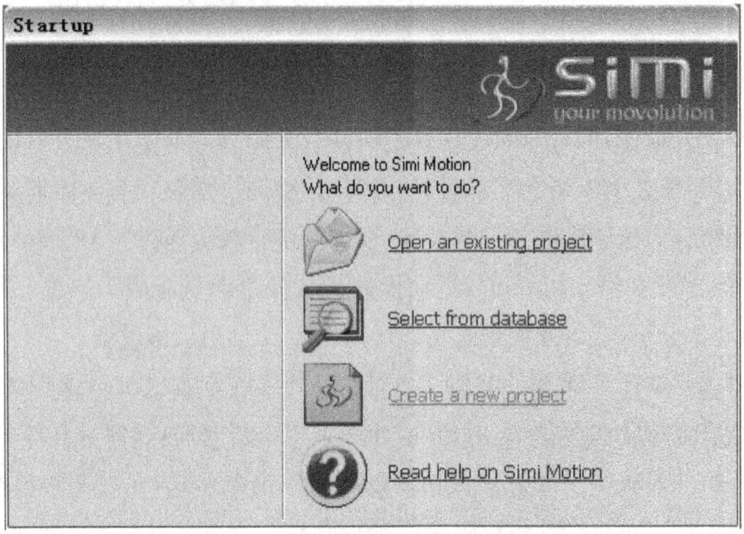

图 5.4　Simi Motion 2D 操作界面 1

单击 Project 选项，在子菜单中选择 Specification，继续选择 Edit Point。根据每段录像中被定义点的数量多少建立 Point，每一个点记录为一个 Point，如图 5.5、图 5.6 所示。

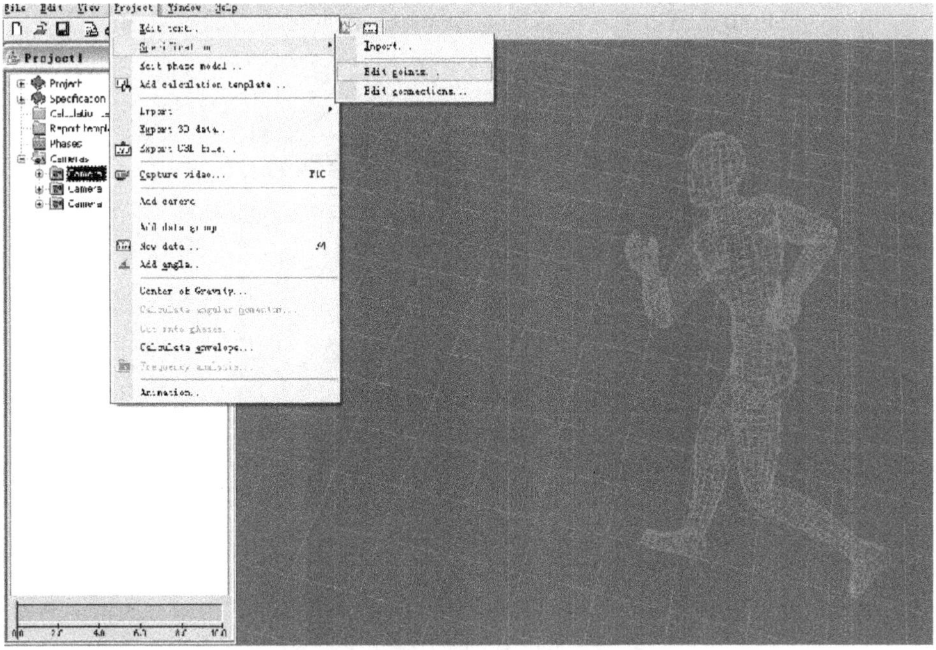

图 5.5　Simi Motion 2D 操作界面 2

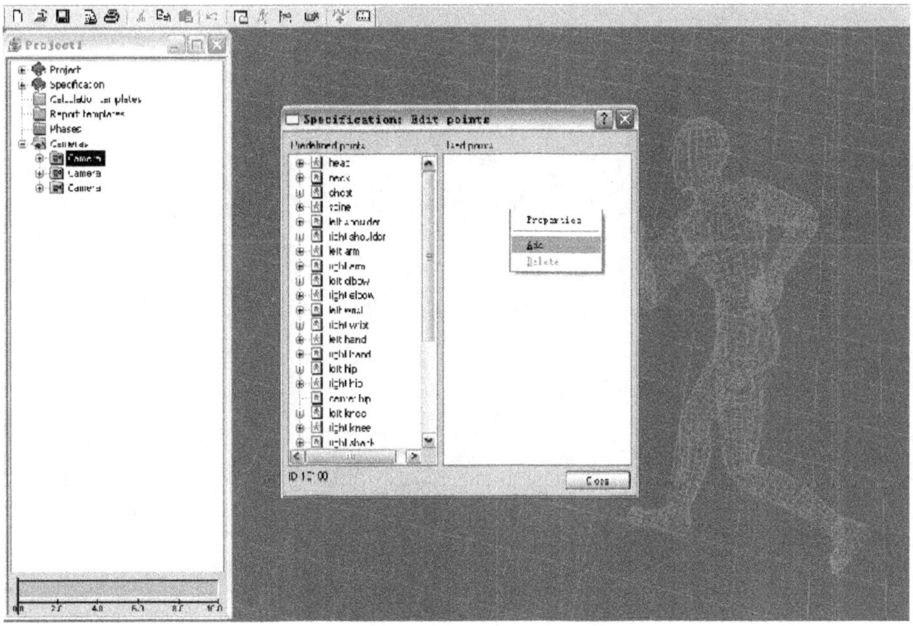

图 5.6　Simi Motion 2D 操作界面 3

在 Used Points 窗口中点击右键选择 Add。根据记录点的数量建立点。一个 Point 代表一个记录点，如图 5.7、图 5.8 所示。

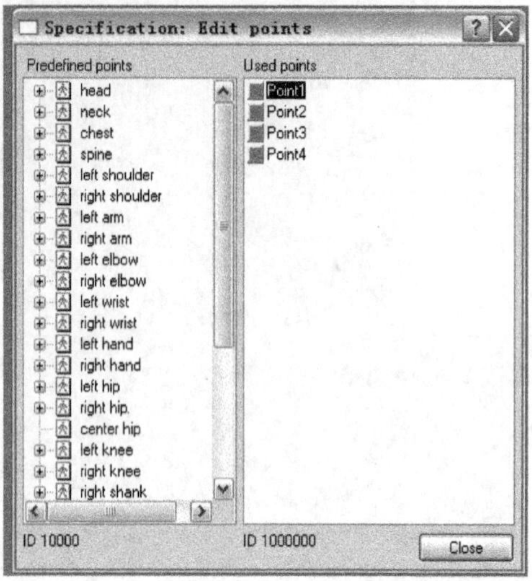

图 5.7　Simi Motion 2D 操作界面 4

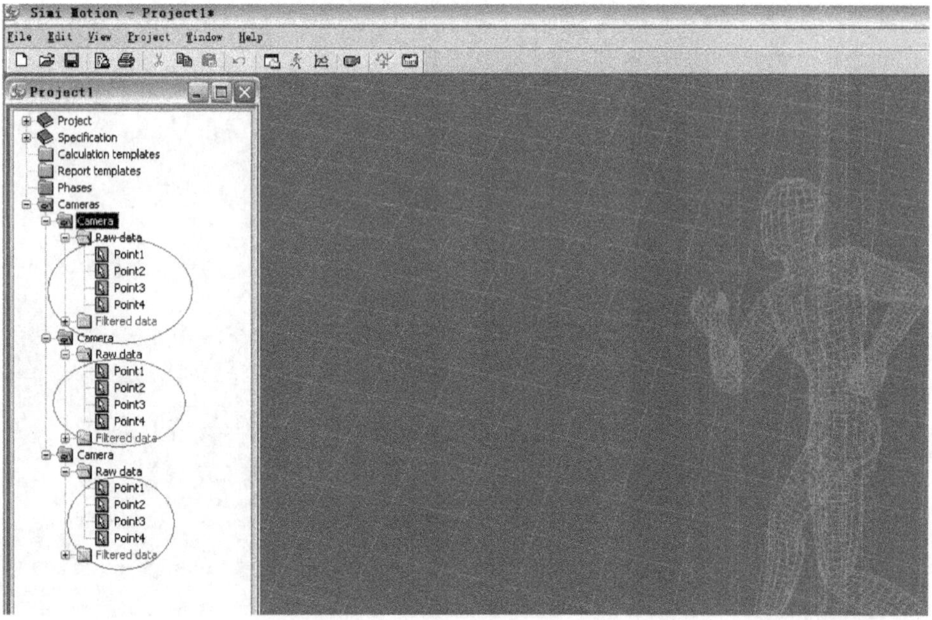

图 5.8　Simi Motion 2D 操作界面 5

选择 Close 之后可以看到 Project 中的 Camera 下 Raw Data 已经加载了各个点，如图 5.9、图 5.10 所示。

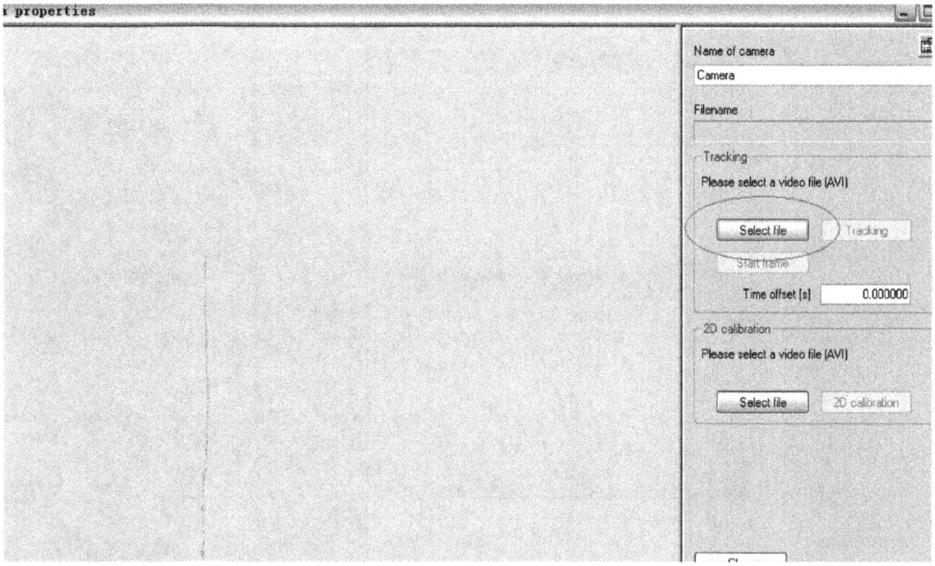

图 5.9　Simi Motion 2D 操作界面 6

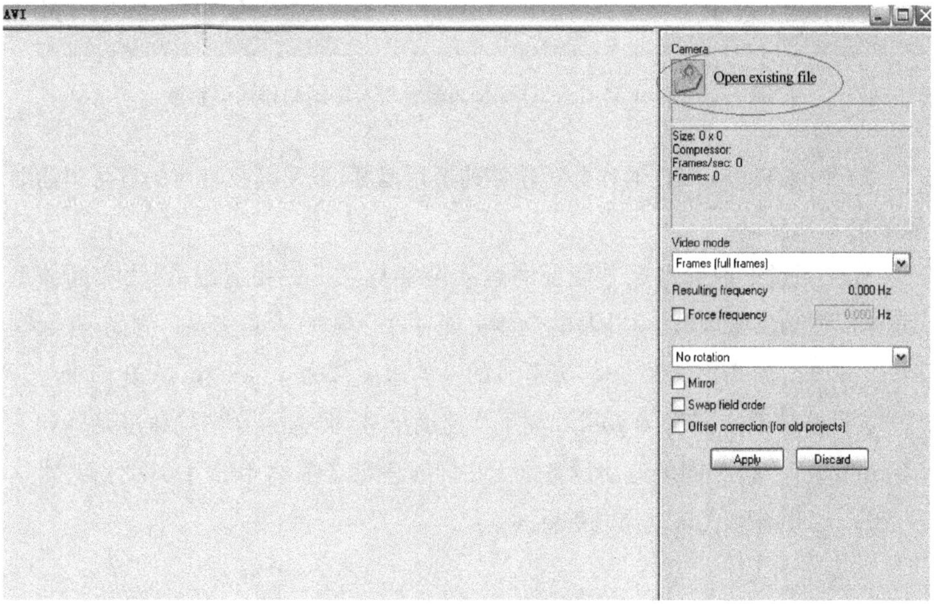

图 5.10　Simi Motion 2D 操作界面 7

选择 Select File。在下个窗口中点击 Open Existing File 选择要添加的录像，如图 5.11 所示。

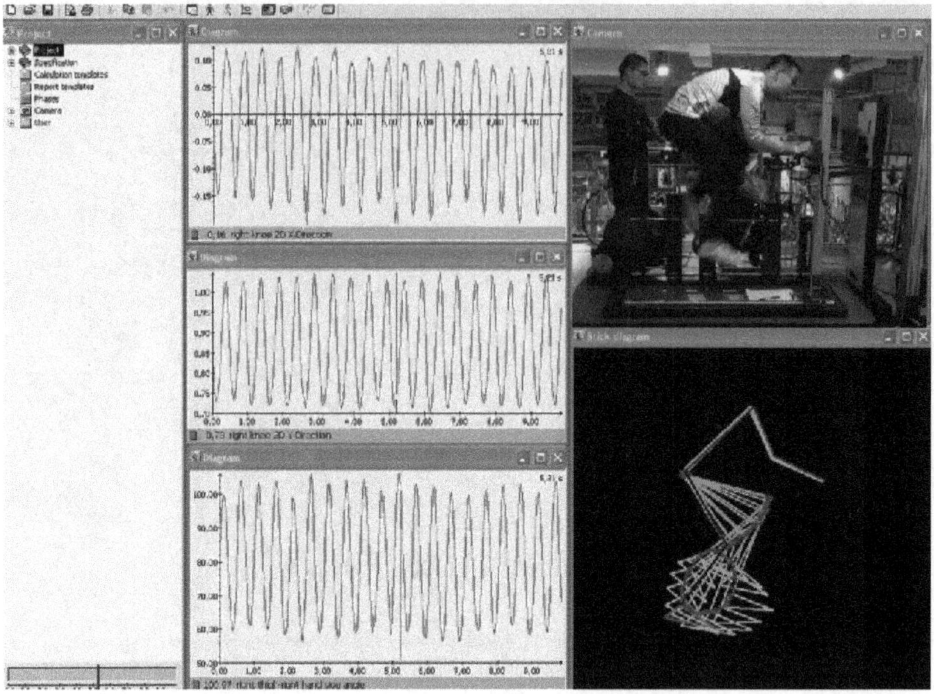

图 5.11　Simi Motion 2D 踩踏力矩分析与踩踏动作捕捉示意

2) Simi Motion 2D 动作分析软件的适用范围，以及其在目前的自行车运动领域的实际应用

仅仅通过物理测量还未能证明运动设备与之正好相适配，因为相同体型(身体部位测量物理数值相同)的个体可能存在巨大的体能差异。例如，在起动后 0～60 km 距离内选手 A 与选手 B 的平均速度都为 45 km/h，从第 61 km 开始，选手 A 依旧能够保持 40 km/h 平均速度推进，而选手 B 平均速度则降到了 35 km/h。此时，相同的运动设备是无法同时满足选手 A 和选手 B 的。针对这一情况，必须继续代入动态功率测试。

5.4 Simi Motion 2D 数据采集与分析

1）对自行车运动踏频动作各个角度进行计算与统计

（1）Speed W.I.N.D 速度传感器　速度传感器安装于自行车前叉，磁铁安装在前轮钢丝上，车轮转动时，磁铁每通过一次传感器记录一次，根据不同轮径输入，可以显示速度与里程。

（2）Cadence W.I.N.D 踏频传感器　踏频传感器安装于后下叉，磁铁安装在曲柄端，以不同的频率踩踏，磁铁每通过一次踏频传感器记录一次。由于运动自行车具有不同传动比，训练中可以采用相同的运行速度，专门针对踏频训练，同时结合即时心率。使用这样的手段会让长周期的自行车训练更加有效，也非常有利于教练员或运动员对这一周期的训练具有理性认识，而不是停留在感性认识上。

2）了解自行车运动中通过动作输出功率对动作功效进行评估的方法

单车运动中的人体功效学不仅仅体现在“一个与车手身高相适合的车架结合一个多功能的车把”，而且反映在人体与机械之间相互关联并构成不断发生微妙变化的整体系统。调试单车看似很简单，但是调整出真正符合不同运动人体的坐垫与车把位置，就必须通过对单车机械力学和运动生物力学进行分析与研究，并针对身体不同部位的动作不断进行优化处理。

单车骑行运动中动力来源于下肢踩踏产生的力量 F_p，可被分解为沿曲柄方向的向心力 F_r 和切线力 F_t。踩踏动作在曲柄杠杆转动中的实际效能并不大，分力中沿曲柄方向的向心力 F_r 都无法转变成动力，而真正的动力只来源于切线力 F_t，如图5.12 所示。

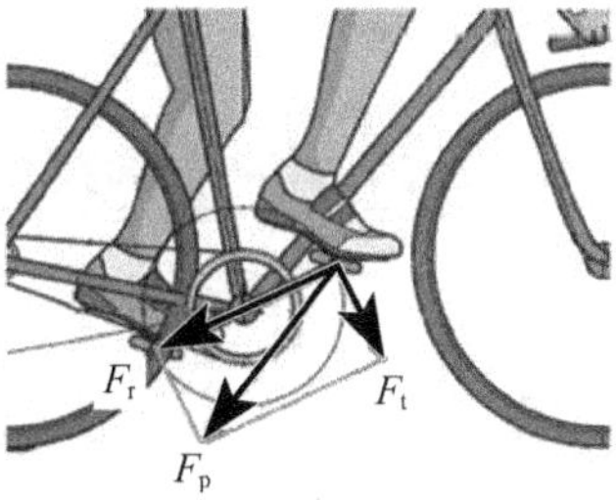

图 5.12　一侧踩踏动作受力分析

当脚踏在以中轴为圆心、以曲柄长度为半径的转动过程中，处于不同角度时所带来的力量各不相同。当脚踏处于图 5.13 中 0°位置时，$F_p = F_t$；而处于 90°位置时，F_p 与 F_r 重合，对中轴产生不同方向的压力或拉力，杠杆停止工作，不能转变成动能。因此，车手必须在脚踏转动到最适合的角度时才发挥人体最大的踩踏力量，而不是在任何角度都不惜余力地做无用功。

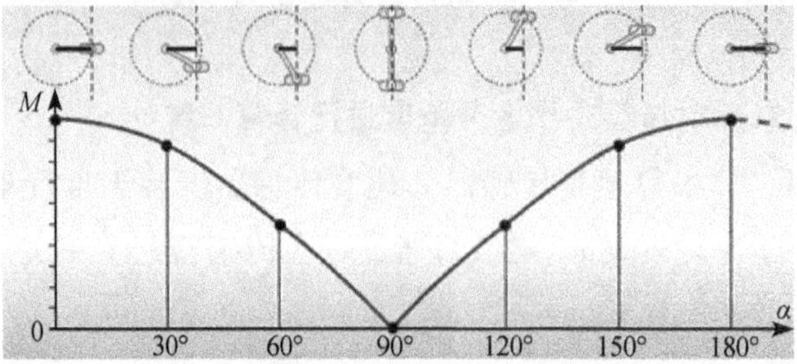

图 5.13　脚踏处于不同角度时的受力比较

3）运用比对方式尝试分析不同踏频，或不同功率下，踩踏动作的功效差异

以运动训练学院某学生为例，在不同功率与踏频条件下其所表现出的不同动作。

（1）当平均踏频在 122 r/min 时，其功率表现是 207 W，如图 5.14 所示。其左曲柄在 102°时，左脚踩踏最大扭矩为 222 N/m，右曲柄在 116°时，右脚踩踏最大扭矩为 243 N/m，如图 5.15 所示。

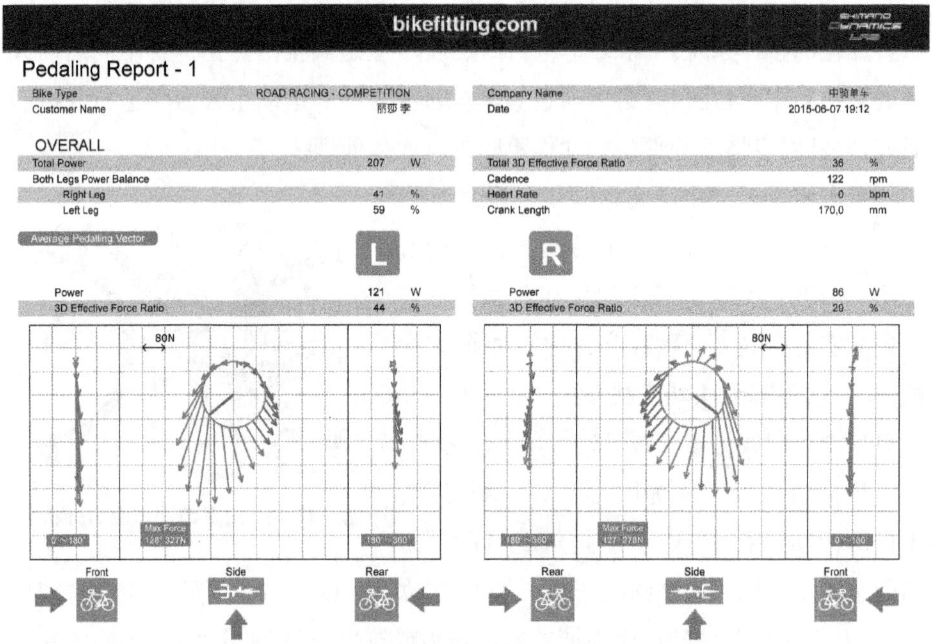

图 5.14　踏频 122 r/min 的功率值

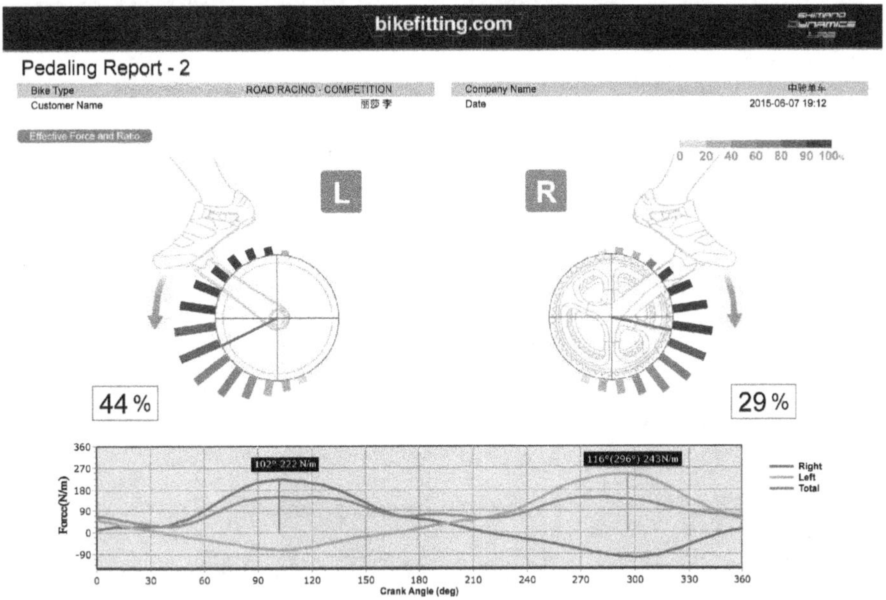

图 5.15　踏频 122 r/min 时的最大扭矩与 PBO 角度

(2) 当平均踏频在 101 r/min 时，其功率表现是 204 W，如图 5.16 所示。其左曲柄在 95°时，左脚踩踏最大扭矩为 251 N/m，右曲柄在 103°时，右脚踩踏最大扭矩为 277 N/m，如图 5.17 所示。

(3) 当平均踏频在 82 r/min 时，其功率表现是 226 W，如图 5.18 所示。其左曲柄在 98°时，左脚踩踏最大扭矩为 322 N/m，右曲柄在 96°时，右脚踩踏最大扭矩为 309 N/m，如图 5.19 所示。

通过图 5.15、图 5.17、图 5.19 也可以看出在不同阻尼，即功率值前提下踩踏力量方向也有所变化。由于案例中被测对象是专业级选手，因此，即便踏频差异比较大，依然有极好的运动表现。在实际教学中，会抽样非专业运动员，在功率测试中大体会表现出因踏频变化而出现踩踏力量方向及功率值的显著差异。

4) 了解建立数据和图像模型对于优化运动动作的影响

骑行运动中的机械力学与生物力学最优状态(Physical Biomechanical Optimum, PBO)是通过调节人体与单车的 3 个接触部位——坐垫和车把的高度，以及曲柄的长度来实现的。其中最为重要的是坐垫高度，这一高度的确定

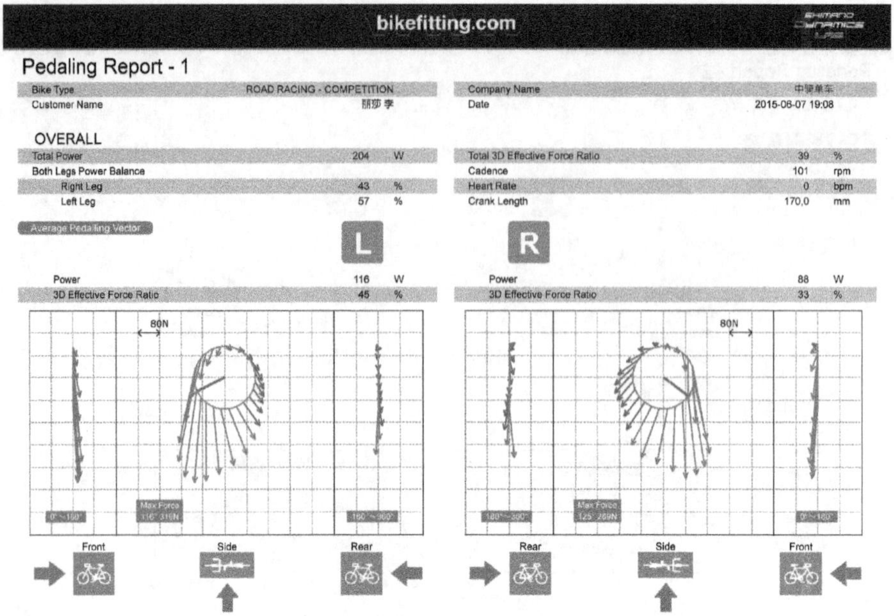

图 5.16　踏频 101 r/min 的功率值

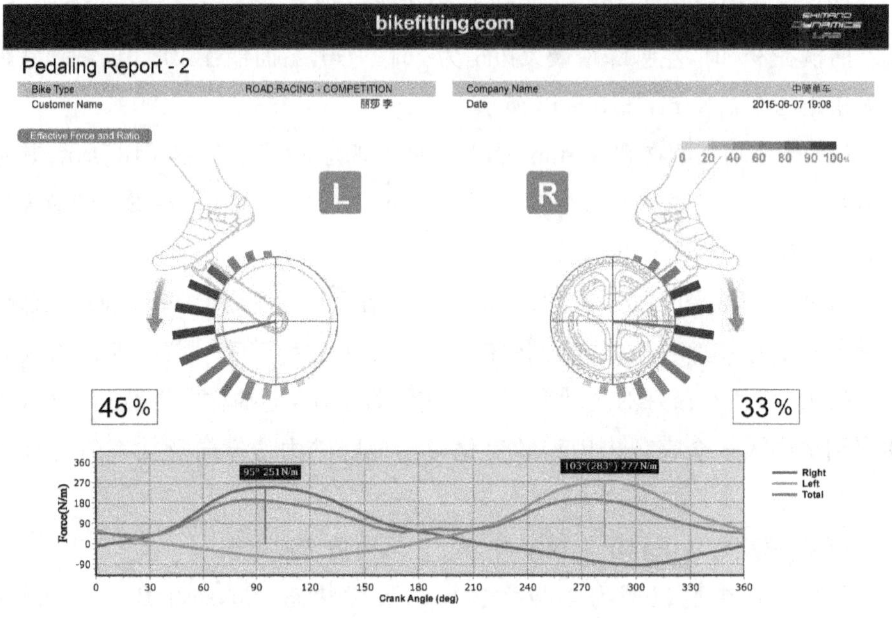

图 5.17　踏频 101 r/min 时的最大扭矩与 PBO 角

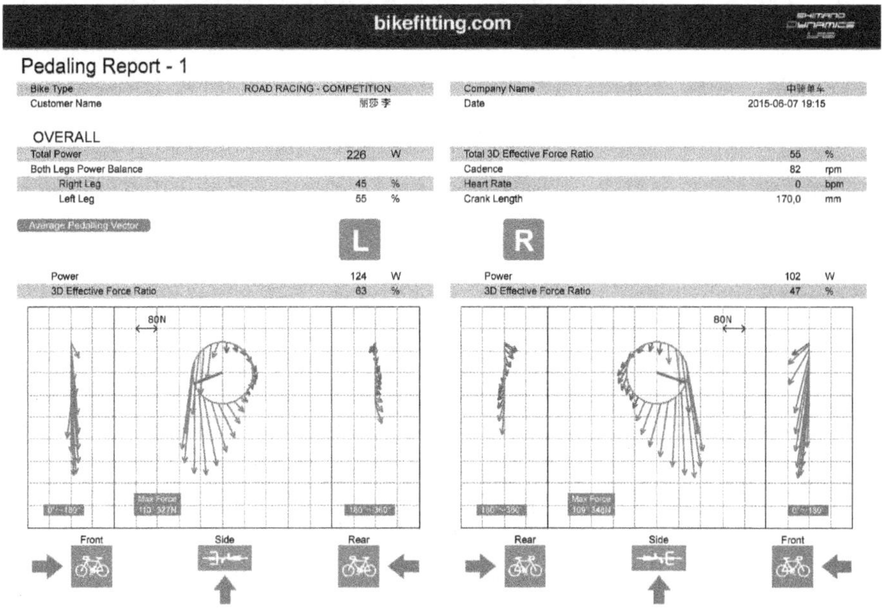

图 5.18 踏频 82 r/min 时的功率值

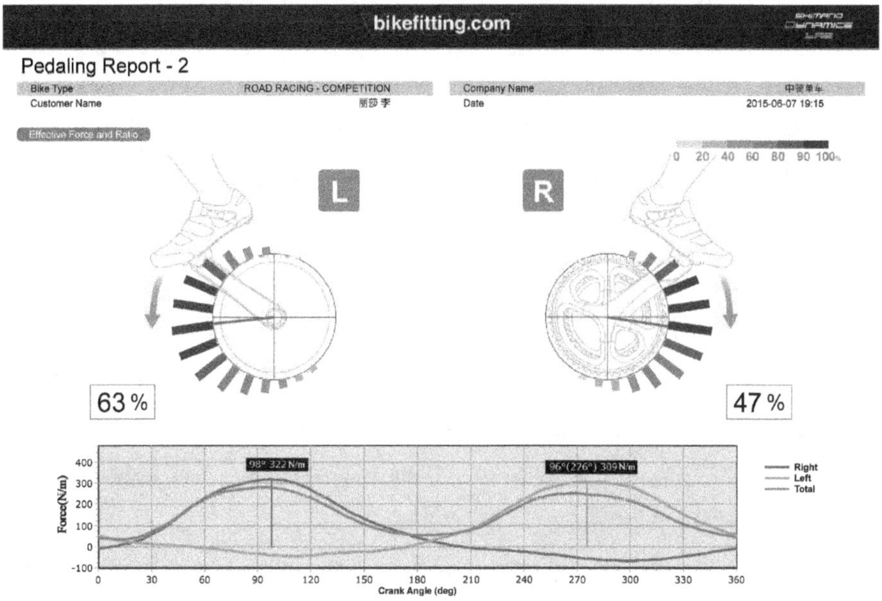

图 5.19 踏频 82 r/min 时的最大扭矩与 PBO 角

是调节车把位置与曲柄长度的前提。调节坐垫高度的依据是满足骑行者下肢的运动关节(如髋关节、膝关节与踝关节)的动作需求。即满足车手在骑行时一侧下肢踩踏同侧脚踏时,当曲柄顺时针转动至图 5.20 中所示 20°左右时的这一踩踏最大发力点。在这一点时,右侧下肢肌肉在髋关节、膝关节及踝关节带动下做"伸"的最大发力。当曲柄瞬间转过 20°后,当 $F_p = F_t$ 时,杠杆力臂长度完全等于曲柄长度,达到机械力学与生物力学最优状态(PBO),以及能效最大化。

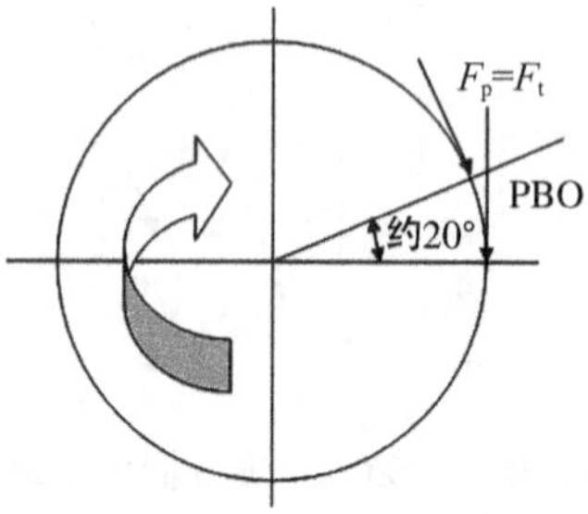

图 5.20　踩踏动作中机械力学与生物力学的最优状态

对于骑行者而言,无论坐垫过高或过低,都无法在 PBO 区间让下肢伸肌发挥最大力量,从而有效转变为单车的前进动力,或者是获得最大的瞬间加速。并且,当坐垫过低时,下肢的交替屈伸发力会对膝关节、踝关节不断地造成过度挤压,从而引起关节疼痛,在长时间骑行后,甚至会出现无法正常行走等症状;或者,由于坐垫过高,过度地直膝与伸踝动作,一方面影响发力,另一方面坐垫也会对前列腺部位造成过度挤压。这样,不仅没有达到强身健体的目的,反而影响了正常的工作和生活。因此,骑行前将坐垫调节至一个适合的高度是优化整体骑行运动的关键,也是纠正诸多不正确动作的前提。不同踏频下 PBO 区间内的左右脚踏受力,如图 5.21～图 5.23 所示。

基于以上通过专业软件对踩踏动作进行分析,并建立数学模型,这有利于在不同踏频和功率值前提下寻找运动员的最优化曲柄角度,从而进一步提高训练效率,同时减小下肢关节伤病发生的概率。

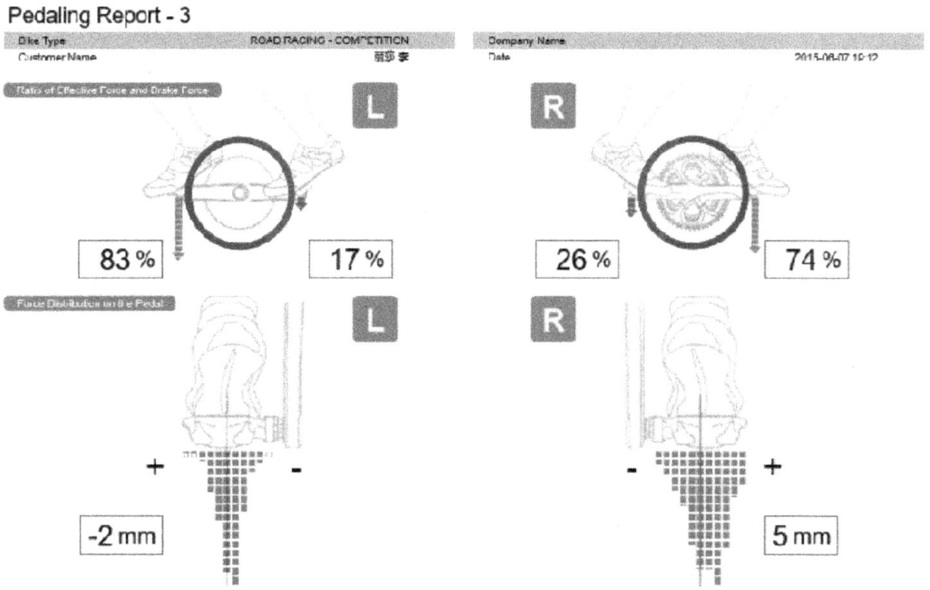

图 5.21 踏频 122 r/min 时 PBO 区间内的左右脚踏受力

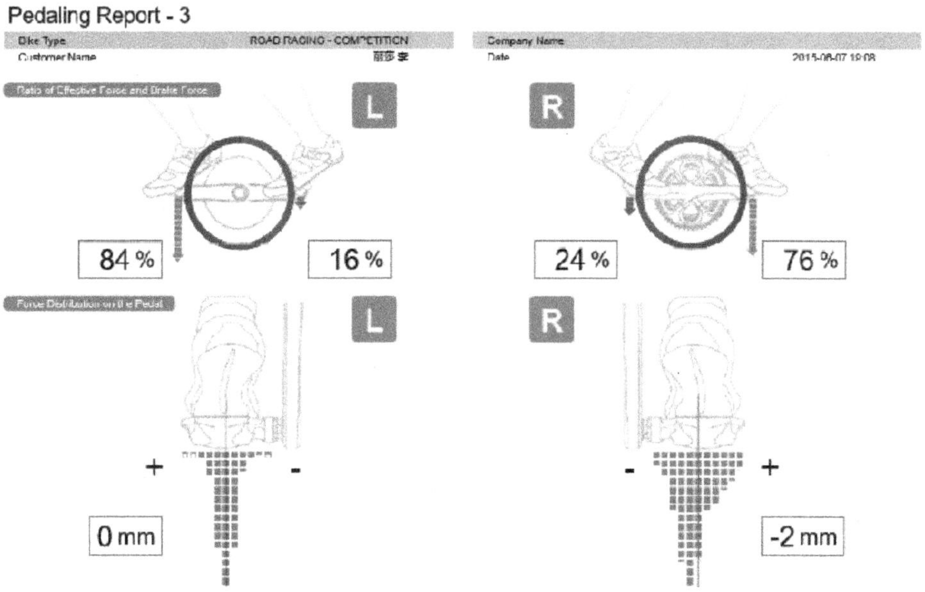

图 5.22 踏频 101 r/min 时 PBO 区间内的左右脚踏受力

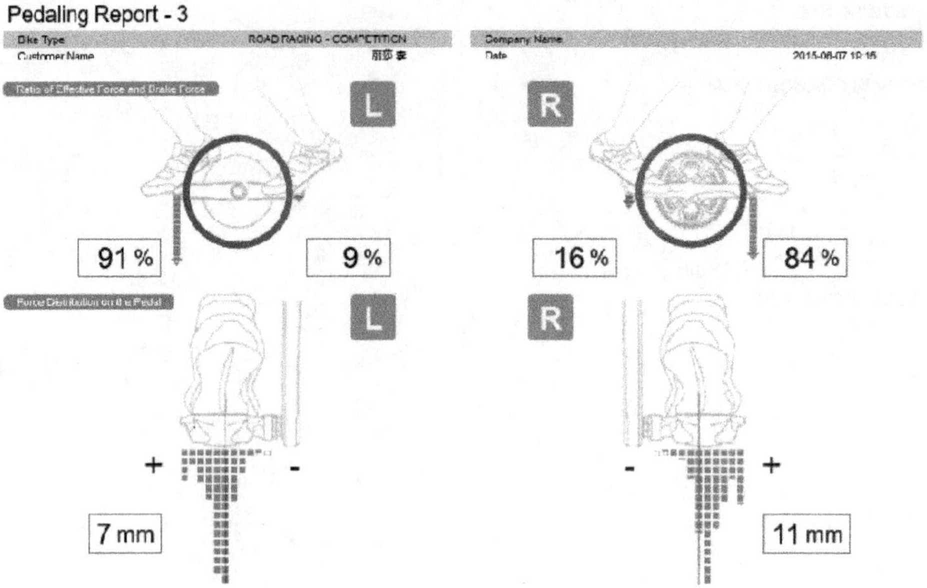

图 5.23　踏频 82 r/min 时 PBO 区间内的左右脚踏受力

习题

1. 简述二维动作分析软件的实践应用与操作方法。
2. 简述 Simi Motion 2D 动作分析软件的适用范围。
3. 简述二维动作分析软件 Simi Motion 2D 的实践应用与操作方法。
4. 简述 Simi Motion 2D 数据采集与分析方法。

6 灵敏素质的测试与训练

[学习目标]

(1) 理解灵敏素质的定义及影响因素。

(2) 掌握灵敏素质常用的测试方法。

(3) 了解分段计时系统 SMARTSPEED 功能与常用模式。

对于竞技体育而言，获得比赛胜利的关键往往取决于在快速反应及突然变化的情况下身体快速、准确、协调完成动作的能力。几乎所有的运动都包含迅速加速、减速和变向。在实际操作中，大部分的运动项目中，优秀的变向、制动再加速能力要比单纯的直线速度更为重要。那么如何有效提升灵敏素质并进行有效的训练及测试是众多教练员及运动员努力探寻的方向。

6.1 灵敏素质的定义及影响因素

1) 灵敏素质定义

灵敏素质是指迅速改变体位、转换动作和随机应变的能力。它是指人体在各种突然变化的条件下，能够迅速、准确、协调、灵活地完成动作的能力，是人各种运动技能和身体素质在运动中的综合表现。大脑皮层神经活动过程的灵活性及分析综合能力，是灵敏素质的重要生理基础，因此可通过训练改善和提高各感受器官功能，以增强灵敏素质。此外，在体育锻炼的实践中，掌握的运动技能愈多就愈熟练，大脑皮层中暂时神经联系的接通就愈迅速、准确，动作也愈灵巧。灵敏素质是运动技能、神经反应和各种素质的综合表现。在对抗性体育活动（如篮球、足球等）中，灵敏能力是非常重要的。灵敏是人体各种运动能力在运动过程中的综合体现，良好的灵敏性有助于更快、更多、更准确、更协调地掌握技术和练习手段,使已有的身体素质充分、有效地运用到实践中去。

2) 影响灵敏素质的因素

(1) 直线加速能力　在竞技体育中,除了田径项目追求的是直线加速能力以外,其他绝大多数运动项目追求的并非完全直线加速,如足球运动员在场上运用最多的是 20～40 m 直线加速能力,大多数情况下需要的是静止或慢走的状态迅速启动达到最大速度,更需要制动及变向。但直线加速能力是运动员在提升灵敏素质训练中不可或缺的训练内容。众所周知,直线最大速度取决于步长和步频。步长受身高、身体形态等因素的影响,训练提升意义不大。因此,在训练中可以通过增加步频的方式来提高直线速度。

(2) 平衡能力　平衡能力是准确完成所有技术动作的基础。平衡能力训练是让运动员处于不稳定的状态下,做各种有关身体重心控制的练习,运动员要尽量地保持自身的平衡,从而提高运动员自身的平衡能力及肌肉控制能力,使运动员在各种复杂支撑、制动和移动能力上得到发展。

球类项目的运动员平衡能力要求较高,在比赛中始终处于各种复杂的动作中,要保持在动态运动中的稳定与平衡才能保证技术、战术的稳定发挥,需要全身肌肉的良好协调与控制。对核心肌群的稳定性,髋、膝、踝关节的稳定性及灵活性要求更高。

(3) 爆发力　日常训练中,教练员和运动员通常靠增加体重来提升力量。但增加体重或肌肉围度要依然能够保证快速的启动、制动和变向。如果体重和肌肉围度的增加使运动员的速度明显降低,这显然不是我们所追求的目标。

在力量训练中,若是小重量,运动员可以迅速地完成动作,若是最大重量,虽然可以完成,但动作速度则很慢,因此力量和速度呈反比,这就是我们常说的力速曲线。为了提高爆发力,在训练中使用负荷应与各专项中最容易产生爆发力的负荷大致相同或是稍大一些,并且要尽可能地加快动作速度,这样才会有效。因此,我们经常采用 50%～60%的负荷,并以最快的速度完成 5～10 次的练习。

(4) 动作技术　在绝大部分运动项目中,能够准确、迅速地控制身体,协调地完成各项动作是取得比赛胜利的关键因素,它分为:一般和专项、闭式和开式、连续—非连续和连贯。这些技术不是相互排斥的,而是存在着很大的关联性。

6.2 灵敏素质的测试方法

灵敏测试不仅仅是摆放锥桶之后用秒表计时那么简单。如果对运动员进行某个体育专项运动测试，内容包括专项要求、距离和项目动作，其测试结果应该能够为教练员和运动员提供有价值的信息。

1) 伊利诺伊灵敏测试

(1) 目的　对直线冲刺和改变方向时使用的技术和速度进行评估。

(2) 应用　对于需要在直线移动时改变方向的运动来说，这项测试有助于评估运动员急停和变向能力。

(3) 器材　激光计时或秒表、卷尺、8 个锥桶及标志物及表面平整的场地。

(4) 步骤　运动员首先俯卧，双手平放，肘部伸直，头部朝向锥筒 A 所在的起跑线处，一听到开始信号，运动员以最快的速度冲向 B，再冲向锥筒 1，按之字形绕过 2、3、4 锥筒，围着锥筒 4 绕一圈，然后沿反方向绕回到锥筒 1，冲向 C，最后冲向 D，停表。具体如图 6.1 所示。

2) 5-0-5 动作灵敏测试

(1) 目的　加速和减速时的技术和力量，以及运动员的变向速度。

(2) 应用　想要提升自身极限加速度而不仅仅是极限速度的运动员来说，这项测试非常有用，如棒垒球比赛中跑垒员进行偷垒。

(3) 器材　秒表、卷尺、6 个锥筒及标志物。

(4) 步骤　准备就绪后，运动员快速起跑开始测试，从起点冲至 15 m 外的第三组锥筒，到达后迅速转身，折回跑向起点处，当运动员第一次到达 10 m 处时开始计时，第二次到达 10 m 处时停表，如图 6.2 所示。这项测试可让运动员每条腿变向测试 3 次，取最好成绩。

3) 专业级并步测试

(1) 目的　评估运动员多次变向的技术、腿部力量及爆发力。

(2) 应用　由于需要不断改变方向，这项测试适用于几乎所有需爆发力的体育运动，并且能够测评出运动员的姿势和技术是否正确，并对起跑、加速、减速能力做出评价。

(3) 器材　秒表、卷尺、3 个锥筒及标志物。

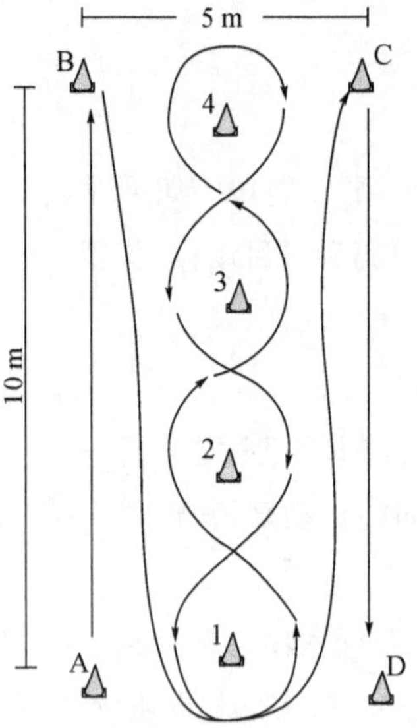

图 6.1 伊利诺伊跑动灵敏测试示意图

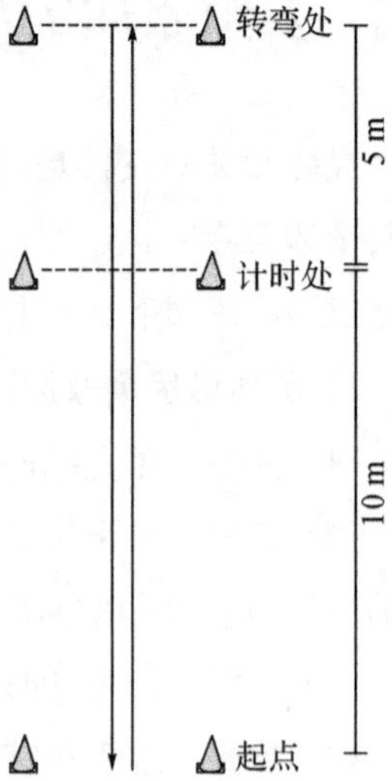

图 6.2 短距离加速能力测试分段计时示意图

(4) 步骤　运动员首先面向中间的锥筒 1,将一只手放在地面上,做出半蹲踞式姿势,一听到口令向右转并跑 5 m 至锥筒 2 处,用右手触碰锥筒 2 附近地面,接着转身冲刺 10 m 至锥筒 3,用左手触碰锥筒 3 附近地面,最后运动员转身并冲刺至锥筒 1,准备姿势启动开始计时,通过终点停止计时,如图 6.3 所示。

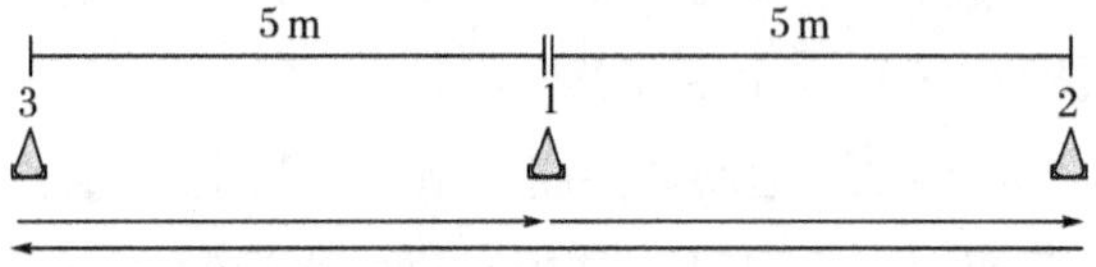

图 6.3 侧向移动及回中能力测试示意图

4) 三锥筒并步移动灵敏测试

(1) 目的　评估运动员的技术、加速能力和变向速度。

(2) 应用　由于需要不断改变方向,这项测试适用于几乎所有需爆发力的体育运动,并且能够测评出运动员的姿势和技术是否正确,并对起跑、加速、减速能力做出评价。

(3) 器材　秒表、卷尺、3 个锥筒及标志物。

(4) 步骤　运动员以针对专项运动的预备姿势站在锥筒 1 处,面向锥筒 2,

冲刺至锥筒 2,弯腰用右手触碰地面转身跑回锥筒 1,弯腰再次用右手触碰地面,接着跑回锥筒 2,沿锥筒 2 外转 1 圈,冲刺跑到锥筒 3,在锥筒 3 处沿外转 1 圈冲刺跑回锥筒 2,在锥筒 2 处站稳并左转,快速跑回锥筒 1,测试结束,如图 6.4 所示。

5) 正方形灵敏测试

(1) 目的　评估运动员在向前移动、水平移动和向后移动时移动技术和变向速度。

(2) 应用　运动员经常需要向前移动、水平移动和向后移动。在许多运动项目中,运动员必须能够做到沿一个方向移动、减速、停止,然后以最快速度向另一个方向移动,如篮球运动。这项测试能够很好地显示出运动员在运动中向不同方向移动或变向能力。

(3) 器材　秒表、卷尺、4 个锥筒及标志物。

(4) 步骤　运动员以半蹲踞式姿势站在锥筒 1 处,面向锥筒 2,冲刺至锥筒 2,身体面向前方侧移到锥筒 3,快速后退至锥筒 4,在锥筒 4 处左转,快速冲刺至锥筒 1,开始计时直至运动员绕完整个正方形停止计时,运动员必须在锥筒外围移动,如图 6.5 所示。

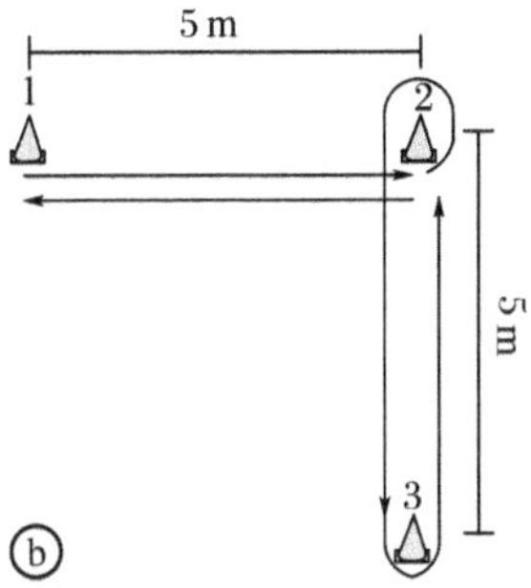

图 6.4　转向及折返速度测试示意图

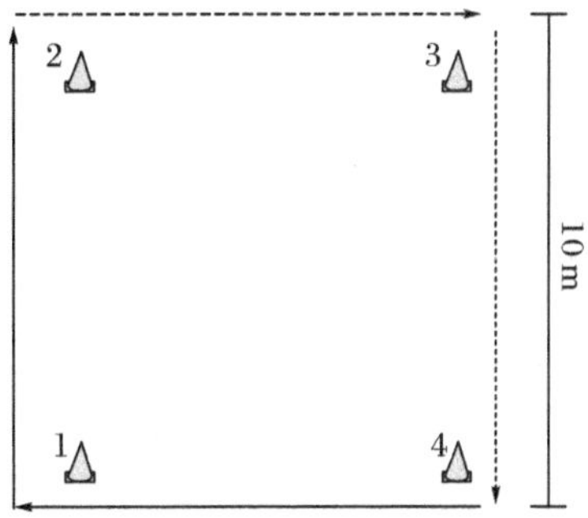

图 6.5　非转身前后左右移动能力测试示意图

6) 象限跳跃测试

(1) 目的　评估运动员身体控制能力以及加速和减速时调整步伐的能力。

(2) 应用　这项测试适用于任何需要多次变向的运动。

(3) 器材　卷尺、粉笔或胶带和秒表。

(4) 步骤 运动员以便于发力启动姿势站在十字形中间,双脚分开与肩同宽,同时面向第一象限。开始后计时,运动员跳至第一象限,然后按顺序以最快速度并平稳地逐一跳向每个象限,在整个测试过程中,身体要面向同一方向,并尽可能地用 10 s 完成测试。运动员双脚完全跳进象限便得到 1 分,运动员单脚或双脚落在错误象限则要扣掉 0.5 分。休息 3 min 后重复这项测试,记录最好成绩,如图 6.6 所示。

7) T 形灵敏测试

(1) 目的 评估运动员身体控制能力,以及加速和减速时调整步伐的能力。

(2) 应用 这项测试主要针对加速度模式,模仿大多数激烈的项目移动以及在狭窄空间变向,如排球运动。

(3) 器材 卷尺、4 个锥筒或标志物。

(4) 步骤 运动员以便于发力启动姿势站在十字形中间,双脚分开与肩同宽,听到开始后,运动员冲刺到锥筒 2,用右手触碰它的顶端,然后滑步移动到锥筒 3(双脚不交叉),运动员左手触碰锥筒 3,然后滑步移动到锥筒 4,用右手触碰它的顶端,接下来侧身移动到锥筒 2,用左手触碰它,站稳后,倒退跑向锥筒 1,冲过起跑线后停止计时,如图 6.7 所示。

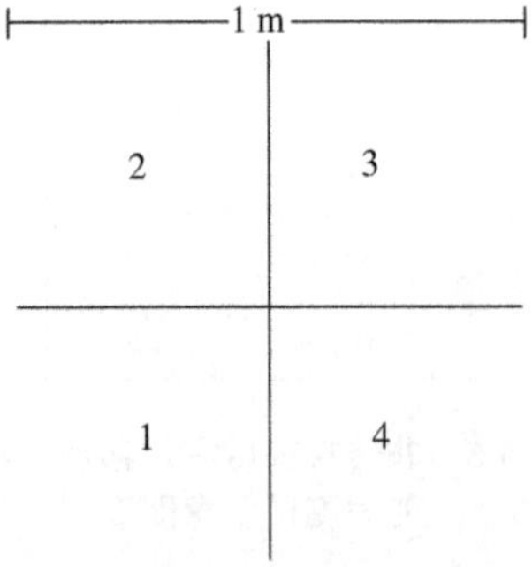

图 6.6 四象限跳转或移动能力测试示意图

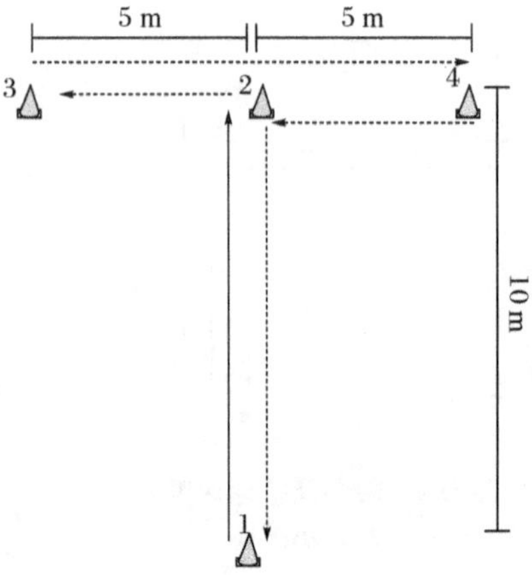

图 6.7 T 形测试示意图

8) J.P 并步移动灵敏测试

(1) 目的 评估运动员身体倾斜能力和身体姿势、直线冲刺速度、加速和减速时调整步伐的能力，以及变向时能否选择合适的减速距离。

(2) 应用　这项测试不仅检测运动员在最初几秒内的加速和减速情况，同时还考查运动员在整个过程中灵敏机巧的运用能力，能够测试运动员在不同阶段的灵敏能力，帮助教练员制订训练计划。

(3) 器材　秒表、卷尺、5 个锥筒或标志物。

(4) 步骤　运动员面向锥筒 1 并跨过起始线，开始后，快速冲向锥筒 2，并用左手触碰它，然后冲向锥筒 3 并用右手触碰它，接着快速跑到锥筒 4，用左手触碰它，随后快速跑回锥筒 5，并用右手触碰它，最后回到锥筒 1 位置停止，如图 6.8 所示。休息 5 min 可进行下一轮测试。

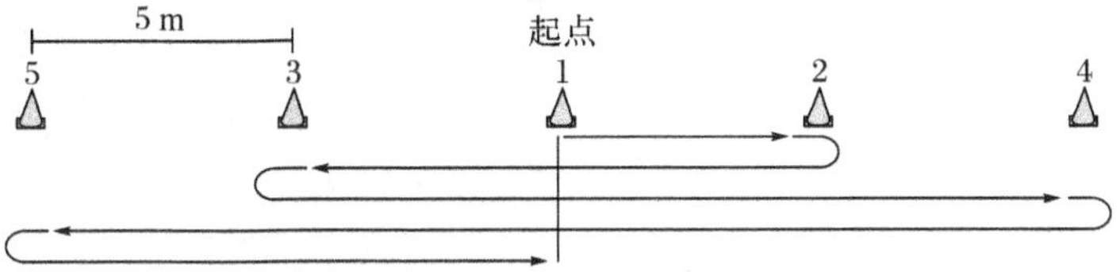

图 6.8　侧向既定路线折返测试示意图

6.3　分段计时系统 Smartspeed 的实践应用与操作

1) Smartspeed 应用范围(见图 6.9)

(1) 热身、速度和耐力训练、反应训练、条件游戏、技术发展训练。

(2) 世界首个调步系统，有氧体能测试(最大摄氧量、无氧阈、蜂鸣测试、法特莱克训练、模拟训练)。

(3) 多名队员的团队配合训练。

(4) 进攻和防守模拟。

(5) 检测运动员的身体情况及康复测试跟踪。

(6) 理想的综合测试。

(7) 适用于各年龄段运动员的使用。

(8) 实时反馈每次训练成果。

(9) 激励、训练核定、竞争的反映。

2) Smartspeed 的训练与操作

(1) 跑道模式训练与操作

① 训练：标准跑道模式可以进行测试加速度、速度、调步、比赛时间和所有参数的信息反馈，运动员在起始门的一侧开始按照规则到另一侧结束，几乎所有的运动项目都可以使用标准跑道测时，包括路面、冰面、沙地或雪地等项目。Smartspeed 软件按照模块的不同，有 2 个门、3 个门、4 个门、5 个门和 6 个门的时间测试模块，门单元之间的短距离可以是 2 m，长距离可以达到 150 m(例如 400 m 范围内 4 门的直线跑道)。还有一种关于反应时和测时模块的选择，这个模块需要纵跳垫连接到跑道第一个发射器上，这个测试需要纵跳垫来测运动员的反应时间和运动员的奔跑速度。在训练一开始，运动员站在纵跳垫上，当发射器闪光或蜂鸣时(同时进行)，运动员要迅速反应并快速穿过第二个门。

图 6.9　Smartspeed 场地测试

② 操作：轨道——这个按钮显示的是现有运行的训练模块，例如，分别由两个门组成的三条轨道在使用，当程序运行时，在每个特定轨道上的运动员姓名会出现，在右手边，每位运动员重复的次数会出现，如果你以手动模式运行程序的话，使用者可以选择哪个运动员进行训练，在自动模式中该功能不能实现。

训练模块——这个键描述了现有的模块设置的信息，它会陈列出模块的名称、基本模式、每个跑道的门单元数量、被选择的次数(如果已经启动)和默认的启动类型(标准时间、自动启动是默认选项)。

设置——在标准时间启动类型可以更改或在这个界面更改，改变启动类型可以用手写笔更改，选择你需要的启动类型。

结果——在标准测时中，“Results”将会列出各跑道的运动员，伴随着上一个训练分段时间会显示。当完成并退出模块时，你可以看到该训练信息，包括训练重复次数、分段时间和整个时间。

（2）折返跑模式训练与操作

① 训练：折返跑训练是用于速度训练、测试、调步、间歇训练、比赛计时及反馈，每个跑道只有两个门，运动员可以在跑道中训练，使用者可以在改变训练过程中的重复训练次数和设置的训练时间。它包括磷酸盐消耗测试和改进的磷酸盐消耗测试。其中一个是 8×35 m，单段时间是 30 s 的，改进的是 10×40 m，单段时间也是 30 s。用于评估运动员耐力的模式（磷酸盐消耗测试）的两个发射器都会亮，当运动员跑完 35 m 时，会记录 30 s 剩余的时间，然后运动员要向相反的方向奔跑，需要完成 8 次奔跑。改进的磷酸盐消耗测试中同样两个发射器都会亮，运动员奔跑 40 m，记录 30 s 剩余的时间，绿灯会再亮起，为运动员向相反的方向奔跑进行激励，需要完成 10 次奔跑。

② 操作：跑道——这个按钮显示的是现有设置的模块，例如，3 条跑道的磷酸盐消耗测试（Phosphate Decrement Test），各个跑道上会显示训练运动员的名字。运动员训练的次数会在右手边显示出来，如果你以手动模式运行，可以自由选择运动员来进行训练，自动模式没有此项功能。

模块——这个键给出了现有的模块运行信息。它会列出训练模块的名称、基本的模块信息、每个跑道的发射器数量、被选择的小组时间（如果启用）和默认的启动类型（在返回测试、自动启动中是默认选项）。

设置——在往返测试中开始模式可以修改和预览，可以用手写笔来改变，然后选择你想要的开始模式。

结果——在这个模块中，这个列表将会列出此训练轨道上的运动员，运动员前两次的疾跑成绩及平均成绩也会列出。最后列表将会统计相关运动员的训练次数。

桌面——将会显示每位运动员的训练结果，包括单次时间和总时间。

（3）切断模式训练与操作

① 训练：如图 6.10 所示。

切断模块是通过某个目标或设计的训练模式（如进攻与防守模拟），培养运动员奔跑中的反应能力及变向能力。当运动员通过一系列门时，要做出判断并改变方向。软件中带有四个不同的切断模块，包括 0-1-2-1、0-1-3、1-1-2三种四门切断模式和一种 0-1-2-3 六门切断模式。

0-1-2-1 模式从闪烁灯亮起开始。闪烁灯亮起—切断触发门—此时两个

图 6.10 “切断模式”操作示意图

门随机反应—之后运动员穿过最后一个到完成任务，运动员从距离触发门一段距离的地方出发，当触发门灯变绿，时间开始记录，当运动员通过触发门，剩下两个门就会随机反应，计时结果为从绿灯到触发门，触发门到反应门，最后总的时间。

0-1-3 模式包括从交通灯开始，切断一个触发门，其他三个门会随机反应，运动员从距离触发门一段距离的地方出发，当触发灯变绿，开始计时，当运动员通过触发灯后，其中两个门会做出随机反应，时间记录的是绿灯到触发门，触发门到反应门，最后总的时间。

1-1-2 模式是从第一个门单元自动开始。当运动员通过触发门后，其他两个门会随机反应，时间记录的是开始到触发门，触发门到穿过门，最后总的时间。

0-1-2-3 模式是六门的系统，训练开始后，需要做出判断，运动员从距离触发门一段距离的地方出发，当触发门的灯变绿，开始计时，当运动员通过触发门，两个门中的一个会做出反应，当通过其中闪光的一个，其他三个门将会做出反应。时间将会记录触发门绿灯亮起，触发门到第一个反应门，第一个反应门到最后，对于所有的模式，运动员要通过准确的门。

② 操作：跑道——这个键显示的是现有设置正在使用的模块，例如，当

0-1-2-3轨道模块在使用时，运动员的姓名在运行时会显示出来，在右手边每位运动员重复的次数将会显示，如果你以手动模式操作，可以选择特定运动员进行训练。在自由模式中则没有此功能。

模块——这个键会给出训练模块的设置信息。它会列出模块名称、模块基本信息、每个轨道发射器的数量、选定的子协议（如果已经开启）和默认的开始类型（当默认的启动是依赖模块本身，自动启动是默认模块）。

设置——在切断模块里可以进行切断延迟，当运动员触发门后，会花多长时间，反应门会反应，对于六门系统你可以改变第一个和第二个的切断延时，如果延长时间，按“Enable First Cut Delay”或“Enable Secondcut Delay”键。

如果想设置为任意的延长或固定延长，在任意延长中可以以秒为单位来设置，为 1～5 s；在稳定的延长中，可以选择确切的时间，也是在 1～5 s 之间选择。

结果——在切断模块中，结果将会列出运动员、跑道和训练次数，以及切断两门之间的时间。

桌面——可以看到完成训练的运动员的训练成绩，包括每位运动员的训练次数、分段时间及总的时间。

(4) 蜿蜒模式训练与操作

① 训练：蜿蜒模块是测试和训练在奔跑中的视觉能力，当运动员在通过一系列门时，他们必须根据视觉线索，改变移动方向。蜿蜒模块对于很多地面项目尤其对抗项目很有帮助。软件里伴随五款标准训练模式（两门至六门），当第一个灯变蓝后，运动员开始训练，当运动员通过每个门后，下一个灯会闪绿色或红色（标准设置），对于运动员，在通过下一个门时做出反应（左或右）。当你已经建立起轨道的数量、运动队和运动员后，会进入开始菜单，可以选择以自动、手动或自由的模式进入训练模块。

② 操作：轨道——该按钮显示的是当前运行模块，如果两轨道四门在使用时，运动员的姓名会出现在右手边，训练重复的次数会显示出来，如果以手动模式，使用者可以选择特定的运动员进行训练，在自动模块中则没有此项功能。

模块——描述了现在的训练模块的信息。它会列出模块名称、模块的信息、每个轨道的发射器数量、选定的子协议（如果已经开启）和默认的开始类型（当默认的启动是依赖模块本身，自动启动是默认模块）。

设置——在蜿蜒模块中可以改变设置，第一个设置是随机选择提供不同颜色的灯会闪光。当设置2是当切断门时，红色和绿色灯都闪光；当设置是3时，蓝色灯会是新的随机颜色；当设置为4，3种颜色的灯会一起亮，作为另一种选择的信号。第二个设置是提供使用者调节延时时间，通过选择左边的按钮“Enable Flash Delay”，也可选择设置一个随机延迟或一个固定的延迟。要更改“Random Delay”，使用触笔按电钮的向上和向下或左边（最小）或右边（最大）或两者兼有。默认最低设置定为1 s（最高4 s），默认的最高设置是2 s（有5 s的最大值）。如果希望有一个固定的延迟，选择“Fix”按钮，然后，可以从最小延迟1 s到最大5 s进行选择。

结果——在蜿蜒模块中，结果将会列出运动员、轨道、训练次数、分段时间、和总的时间，当完成训练，可以看到训练结果，包括训练次数、两门之间的时间、灯光显示和总的时间，在颜色栏中，每种颜色用数字代替，0代表红色，1代表绿色，2代表蓝色，3代表3种颜色一起亮。

(5) 栅格模式训练与操作

① 训练：栅格模块用于测试和训练耐力、团队配合和运动员的决断力和在训练中的视觉能力，门单元摆好后，运动员根据指示在门单元之间训练。栅格模块适用于各种地面运动项目，也可以作为交叉训练模式。Smartspeed软件中有两种栅格训练模块（四门和六门的模块）。在四门训练模块中，使用者可以选择一种灯闪烁（红灯）或两种灯闪烁（红灯和绿灯）。在六门训练模块中，使用者可以选择一种灯（红灯）、两种灯（绿灯），或者三种灯（蓝色）闪烁。使用者为每位运动员指定一种颜色，运动员在训练过程中，要穿过相应颜色的门，在规定的时间里尽可能多地穿过相应颜色的门，目的是尽可能增加跑动距离。使用者可以更改训练时间（以分钟和秒为单位），也可以改变发射器闪烁延迟时间（以秒为单位），在“Option”可以看到更多细节，当训练时间设置好后，训练开始，位于页面底部的时间栏开始倒计时。

② 操作：跑道——此按钮显示了当前运行的训练模块，例如，一个跑道的四门训练模式在使用时，在右侧，运动员的训练重复次数会显示，如果你以手动模式运行，使用者可以在每个跑道中选择任意的运动员，在自动模式中则没有该功能。

模块——描述了现在的训练模块的信息，它会列出模块名称、模块的信息、每个轨道的发射器数量、选定的子协议（如果已经开启）和默认的开始类型（当默认的启动是依赖模块本身,自动启动是默认模块)。

设置——在栅格训练模块中,可以改变训练持续时间和时间间隔两种默认设置。按钮“Duration”是关于每次训练持续时间设置,默认设置是 5 min,更改时间可以通过手写笔调节按钮来更改时间,左侧是以分钟为单位,右侧是以秒为单位,时间范围最短是 1 s,最长是 10 min59 s。第二个更改是从切断到下一次发射器闪烁的延迟时间,在“Enable Flash Delay”按钮中,可以选择任意的延迟和规定的延迟时间,要使用任意的延迟,可以使用手写笔调节时间为最小或最大。默认的最低设置定为 1 s(最高为 4 s)和默认的最高设置是 2 s(有5 s的最大值)。如果希望有一个固定的延迟,选择“Fix”,然后可以从 1 s 最低延迟至5 s 最高延迟进行选择。

结果——在栅格模块中,结果将会列出运动员、轨道、训练次数以及运动员在整个门单元切断中移动的距离。

桌面——可以看到每位运动员的成绩,包括每位运动员的训练次数、门切断次数、前后两门切断间隔时间、累计里程和整个训练运动距离。

(6) 环跑模式训练与操作

① 训练:环跑模块旨在测试环跑速度,进行间歇训练、灵活性及耐力的测试。环跑模块可以用于在循环任务中测试整个和单段时间,例如运动员进行多圈环跑训练。环跑模块可以适用于各种地面运动项目,田径和自行车等项目可以作为穿过形式的训练项目。Smartspeed 软件有 3 种标准环跑模块:环跑间歇训练(Lap Interval Drills)、敏捷度训练(Pro Agility Dril)和标准环跑计时训练(Standard Lap Timing)。环跑间歇训练是测试和训练运动员反复变向移动能力。环跑间歇训练每个跑道单个门的开始与结束之间的重复次数和时间可以修改。当绿色信号亮起时,运动员要向前冲刺,完成任务并穿过门单元完成一次训练,在下一次训练中运动员有剩余的时间。默认的设置是 10 次训练,每次是 20 s。敏捷度训练是测试和训练运动员快速变向能力。当绿色信号亮起时,运动员要向前冲刺 5 m,穿过门转身向后冲刺 5 m,重复以上方式。使用者可以选择以切断光线或传统启动模式开始。标准环跑计时训练是用于测试循环任务的整个时间和单段时间,例如在田径跑道上进行环跑。默认的设置是 4 个门,4 圈。这意味着有 4 个单段时间和总的时间。

② 操作:跑道——这个按钮显示现行的训练模块,例如当 4 跑道的四门训

练系统在使用时，在每个跑道上将会显示运动员的姓名，在右手边运动员训练的次数会显示，如果你以手动模式运行，可以选择每个跑道上特定的运动员，在自动模式中则没有该功能。

模块——描述了现在的训练模块的信息。它会列出模块名称、模块的信息、每个轨道的发射器数量、选定的子协议（如果已经开启）和默认的开始类型。

设置——在该按钮中不能更改默认设置，如果使用者想更改默认设置，必须在“New Protocol”中设置新的训练模块。

结果——在环跑间歇训练中，结果将会列出运动员、跑道和训练次数，还包括完成上两次训练的平均结果；在敏捷度训练中包括 5 m 的冲刺时间、10 m 的冲刺时间和总的时间；在标准环跑计时训练中包括每圈的 4 段间隔时间。

桌面——这个按钮可以看到每位运动员的成绩，对于环跑间歇训练可以显示运动员的训练次数、每次的训练时间，对于敏捷度训练，运动员的 5 m、10 m 冲刺时间和总的时间将会显示，对于标准环跑计时将会显示两门之间的时间、累计里程和总的距离。

(7) 调步模式训练与操作

① 训练：调步模块用于测试圈速、间歇训练、耐力训练（小组最大和最小有氧测试、蜂鸣测试和其他加强性实地训练，最大摄氧量和无氧阈训练，耐力训练例如稳定的调步运动、法特莱克训练和具体的仿真训练）。调步模块可以适用于包括田径、自行车和大多数地面运动项目，以及交叉训练和冰面运动。软件中有两个测试调步训练模块，即两门和四门的模块，可预先设置的以两门和四门训练的最大摄氧量测试，这些设置包括多级体能测试（蜂鸣测试），200 m 户内跑道训练，YoYo 间歇测试和 Vameval 最大有氧测试。当绿色灯亮起时，运动员从起跑线开始向第二个门冲刺，当他们到达第二个门时，它将会发出较大的声音，第三个门会闪烁，运动员遵循训练模块的规则，对于两门和四门的训练模块默认的设置是两圈，在两圈中，没有设置间隔，也可以增加标记。

② 操作：跑道——这个按钮显示了现有运行的模块，例如，一个跑道的四门训练模块，运动员的姓名会在他们训练时显示。在右手边，运动员重复的训练次数会显示，如果你以手动模块进行运行，可以选择特定的运动员进行训练，在自动模块中则没有该功能。

模块——描述了现在的训练模块的信息。它会列出模块名称、模块的信息、每个轨道的发射器数量、选定的子协议(如果已经开启)和默认的开始类型。

设置——在调步模块中,你不能改变默认设置,如果想更改训练参数,必须在“New Protocol”设置新的训练模块。

桌面——可以显示每位运动员的训练成绩。

6.4 PDA 的操作使用与数据采集

1) 训练模块的设置(见图 6.11~图 6.14)

(1) 点击在屏幕中间的 New Session 键。

(2) 当进入训练模块选择界面时,你可以通过滑动箭头滑块来选择合适训练模块。你可以选择希望的训练模块,也可以设定你需要的跑道数量,并显示选定训练模块的设置。

(3) 在 Track 图像边可以滑动箭头来选择你希望的跑道数量。对于大多数训练模块,系统设置一个跑道是有效的。

(4) 点击 L 键将会显示已选择模块的基本信息描述。

(5) 在模块布局界面中,你可以编辑训练布局和操作指南,当准备继续进行请按右下角的 Sync Field Units 键。

(6) 点击灯泡按钮,所有开着的门单元将会闪烁提示灯,提示连接成功,如果有一个或多个单元的灯不亮,请在错误一览表中检查训练模式设置。

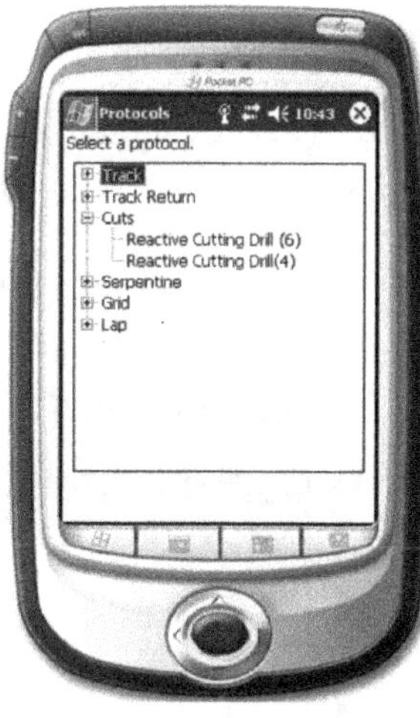

图 6.11 操作界面 1

(7) 当提示灯都闪亮后按 Synchronize 键。

(8) 在设置系统同步时一定要成功,如果设置未成功点击 Reset 键,再试一次,如果系统同步设置连续失败几次,请参照错误一览表里的训练模式设置。

(9) 设置好系统同步后,你可以点击右上角的电池图标查看电池状态,想获取更多信息参考电池充电部分的说明,查看完电池状态后点击 OK 返回到系统同步界面。

(10) 继续设置,点击 Test Track 键,这一步要求你按顺序穿过每一个门单元,以便编辑每个门单元的位置,按照图表从 A 点到 B 点,并在完成后点击 Done 键,当你通过每一个门时,蜂鸣器会发出嘟嘟声表示红外线被切断。

(11) 如果测试跑道部分不成功,你必须重新设置系统同步后再测试跑道,关于训练模块设置和训练模块运行部分可以在错误一览表中找到更多信息。

(12) 对于特定的训练模块,重复同样的测试程序来测试每条跑道。

(13) 当测试跑道完成后,点击 Select Players Page 键进入下个界面。

(14) 在下个界面中,选择在 Team 下方的下滑条,在右侧点击 Down 键。

(15) 通过下滑条选择你希望的团队。

(16) 当你选好团队后,可以通过点击他们的名字,去掉某些队员,要是重新选择队员,可以再点击该队员一次。

(17) 选好队员后,点击右下角的 Arrow 键。

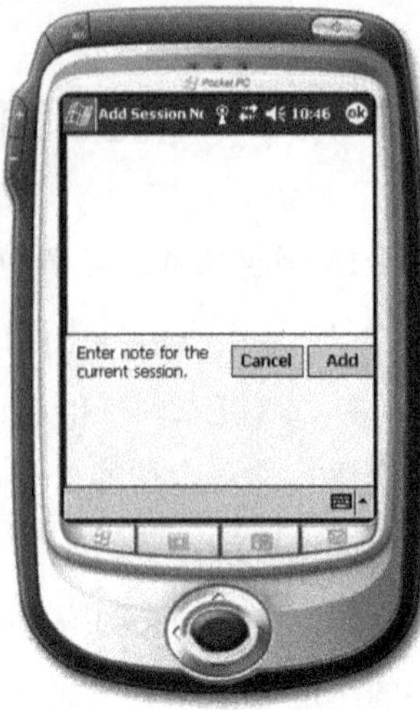

图 6.12 操作界面 2

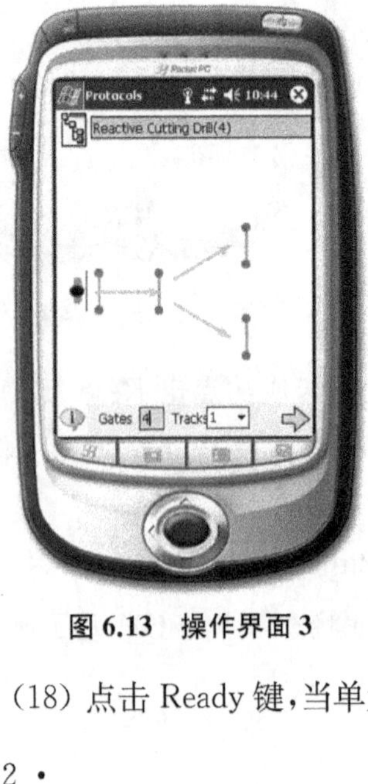

图 6.13 操作界面 3

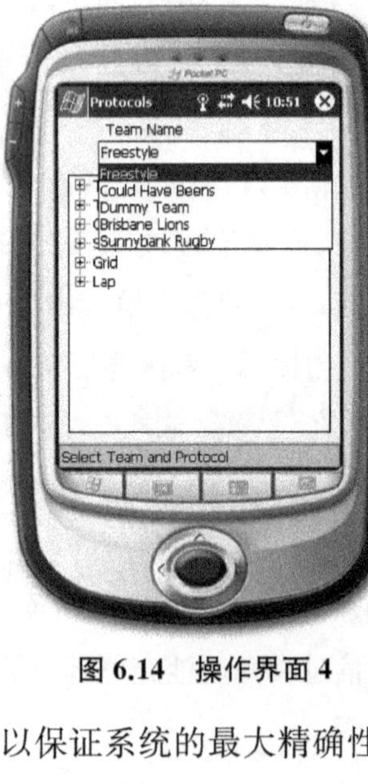

图 6.14 操作界面 4

(18) 点击 Ready 键,当单元已经同步后可以保证系统的最大精确性,这时你会得到简短的更新系统信息提示。

(19) 点击 GO 开始运行训练模块。

2) 查看和保存数据(见图 6.15)

(1) 查看数据

① 在打开 Smartspeed 页面时,在界面底部有 View 键。

② 在点击 View 键后会有 Results 键出现。

③ 在下一个界面通过选择你要的训练模块,选择训练结果。

④ 通过 Team 下部滑动条选择你希望的团队,然后点击团队名称。

⑤ 通过选择在 Sessions 底下的日期,找出你需要的团队训练结果。

⑥ 会按照队员姓名的顺序显示出训练结果。

⑦ 你可以点击 Total 旁边的空心圆,可以按时间查看训练结果。

⑧ 在 Name 旁边点击空心圆,可以按照名字顺序查看训练结果。

⑨ 要退出查看训练结果,请点击右上角的 OK 键。

⑩ 查看其他训练模块或团队的训练结果,可采用相同的操作步骤。退出训练结果请点击右上角的 OK 键。

图 6.15 操作界面 5

(2) 保存数据

① 按照上述操作进入 Results。

② 选择左下角的 Save as XML 或 Save as CSV 键。

③ 在下一个界面中通过键盘方式输入你希望的名称(例如: 1st XI_40m session 1)。

④ 在 Folder 键旁边,通过下滑条选择你想要保存的文件夹。

⑤ 你也可以点击 Location 键旁边的下滑条选择你想要保存的位置。

⑥ 完成以上操作后点击 OK 键。

(3) 电脑中的数据

① 当将数据保存到掌上电脑的文件夹后,你可以将数据传输到其他工作电

脑中。

② 在复制数据之前，建立掌上电脑和工作电脑的连接，确保通过 USB 完全连接好。

③ 当连接好后，打开文件搜索器，选择 Mobile Device。

④ 将训练结果复制或粘贴到指定的文件夹下。

⑤ 点击鼠标右键打开文件。

⑥ 在下拉列表中选择“打开方式”。

⑦ 选择 Microsoft Office Excel 打开方式。

⑧ 同样如果选择的是 xml 列表，就以 xml 格式打开文件。

⑨ 在下一个界面中点击 OK 键。

⑩ 若要转变成 Excel 格式，可右击数据，通过列表并点击转换格式。

习题

1. 简述灵敏素质的定义及影响因素。
2. 简述本章涉及的灵敏素质测试方法的具体内容。
3. 简述分段计时系统 Smartspeed 的实践应用与操作内容。
4. 简述 PDA 的操作使用与数据采集方法。

7 技战术表现与分析

［学习目标］

（1）了解运动员跑动及技战术数据与运动表现的内在联系。

（2）掌握不同运动项目比赛及训练中运动员技战术数据的测量和统计方法。

（3）理解数据分析的基本方法。

7.1 Simi Scout 标注分析系统的功能

（1）Simi Scout 能方便快捷地得到运动员场上跑动轨迹、跑动距离和速度参数，分析运动员的活跃性和体能状态情况。

（2）Simi Scout 能快速地获取运动员比赛中的技战术数据，从而可以帮助教练员分析对垒双方技战术特点和缺陷，使教练员能既全面又有针对性地总结比赛双方的现有技战术表现，安排或优化未来训练和比赛的技战术。

7.2 Simi Scout 标注分析系统的应用

Simi Scout 适用的运动项目有足球、篮球、排球、乒乓球、羽毛球、网球、手球、冰球、水球、壁球、橄榄球、曲棍球、击剑、柔道、跆拳道、拳击等集体和个人对抗的运动项目。

系统内有 20 多种个人和集体对抗性项目的场地示意图，可根据分析的项目直接调入，使分析和演示更加直观形象，还可自由设画新的或特殊规格的场地。

对运动场进行二维标定后，可精确地得到运动员的坐标位置，并得到运动的路线(以足球为例)。用鼠标简单地跟踪点击，就得到运动员详细的距离和速度参数。

1）比赛现场录像拍摄

将两台高清摄像机分别放置于两个半场中央的同侧看台的最高处，摄像机处于同一高度，分别拍摄足球场各半场。在整个拍摄过程中，保证摄像机的位置不动，镜头焦距不变，保证把场地的中线、边线和球门线完整地拍摄到画面中，直到整场比赛结束。摄像机取景框的下沿和球场的近端边线平行。

2）二维定标

（1）要对所拍摄的录像图像进行二维标定。二维标定以每个半场的中线、球门线和两条边线的 4 个交点作为已知坐标点。运动员在每个半场的位置以坐标的形式表示。比赛场地长度为 105 m，宽度为 68 m。以左边摄像机拍摄球场图像的近端边线和球门线的交点为坐标系的原点(0,0)，二维标定 4 个已知点的 X-Y 坐标为(0,0)，(52.5,0)，(52.5,68)，(0,68)；同上，右边摄像机拍摄的图像二维标定的 4 个已知坐标点为(52.5,0)，(105,0)，(105,68)，(52.5,68)。进入分析系统的标定程序后，在左、右两台摄像机的画面中，分别用鼠标点击 4 个已知坐标点在图像中的位置，完成标定工作，系统的标定精确度可达到厘米。用鼠标跟踪点击，就可得到运动员详细的距离和速度参数（以足球为例），如图 7.1 所示。

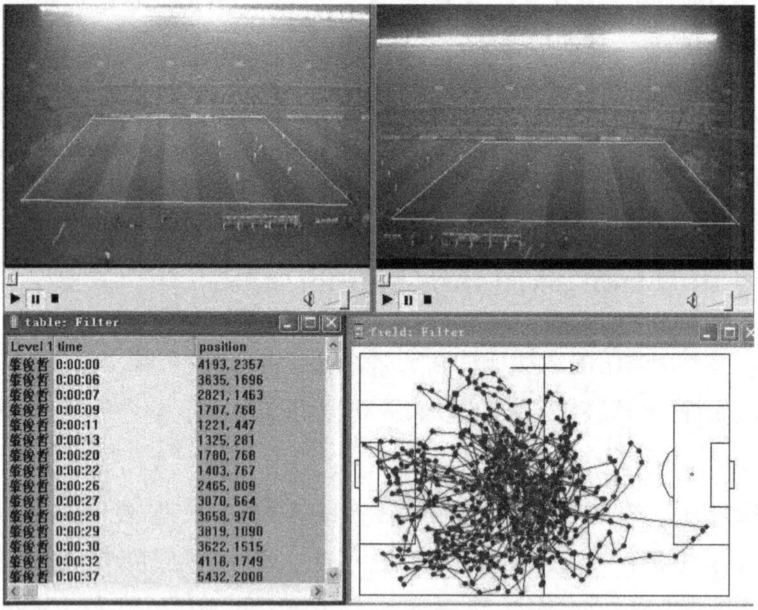

图 7.1　场地定标及运动员跑动参数结果

（2）可根据不同运动项目和教练员的需要，设定不同的技战术统计方法，方便自由地设立属性定义分析模型（统计参数），完全代替以往的手工统计。系统可对复杂的事件进行精确的定义和描述分析。分析模型采用树状结构，并引入了层的概念，比赛的技战术统计结果的逻辑层次清晰(以网球为例)，如图 7.2 所示。

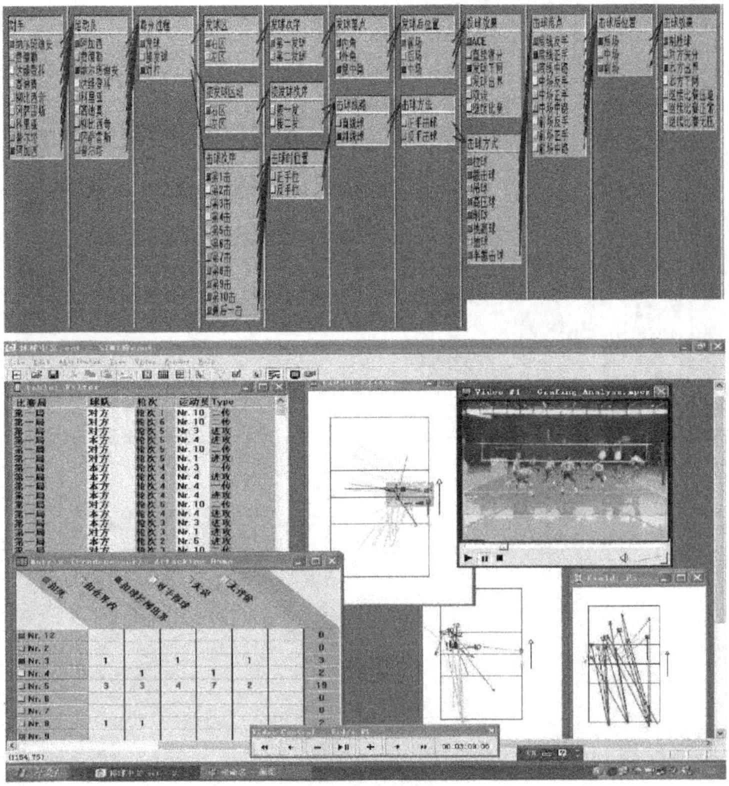

图 7.2　网球技战术统计模型

3) Simi Scout 技战术统计方法

鼠标点击视频，自动跳出属性定义窗口，再逐层点击详细属性，系统同时完成自动记录统计。得出分析模型中定义参数的统计分析结果，结果可以查询图形、统计表等。具体操作方法如下：

播放视频→事件出现→点击画面→自动跳出属性表→人工判定点击各层属性表的内容→自动记录并与视频建立联系→完成标注。

(1) 排球技战术统计分析，如图 7.3 所示。

(2) 拳击技战术统计分析，如图 7.4 所示。

(3) 乒乓球技战术统计分析，如图 7.5 所示。

(4) 跆拳道技战术统计分析，如图 7.6 所示。

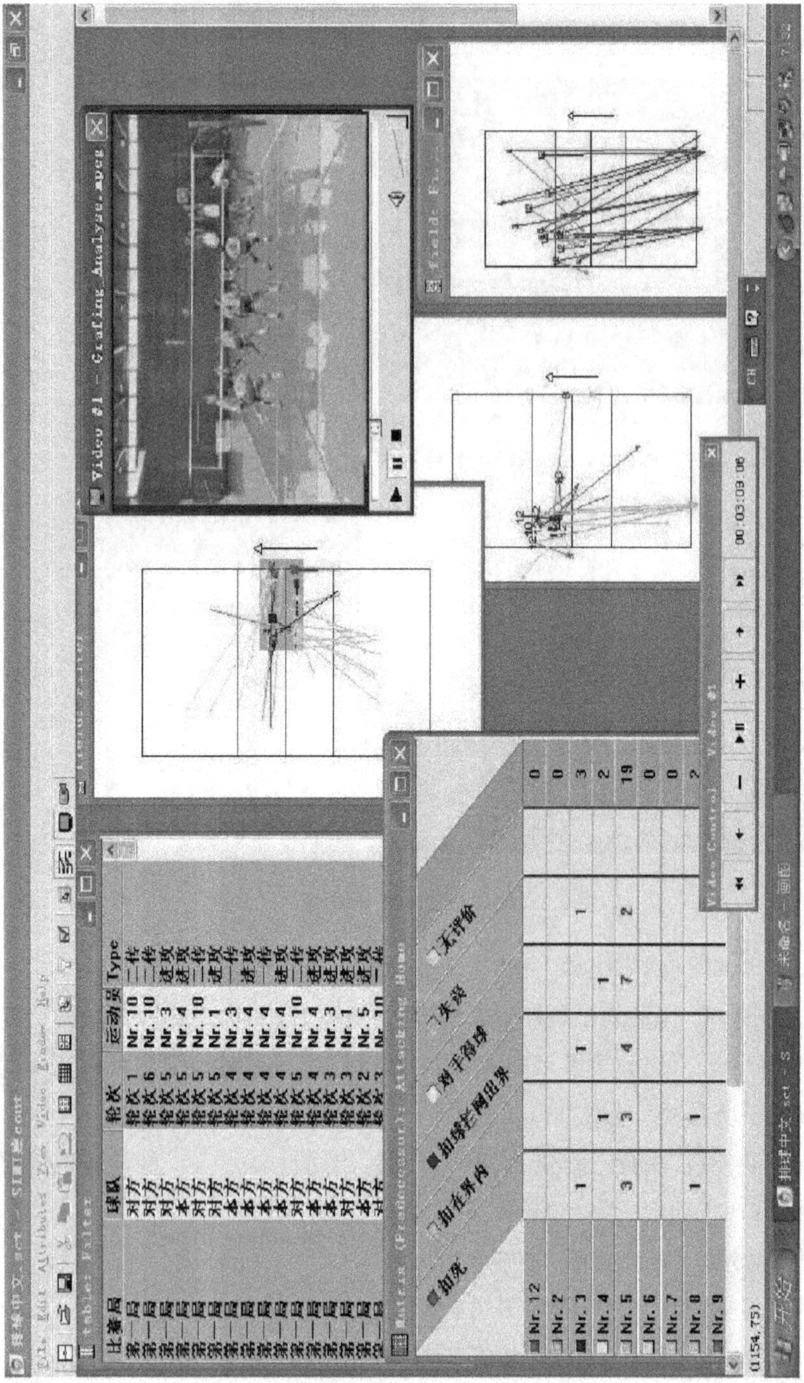

图 7.3 排球技战术统计结果

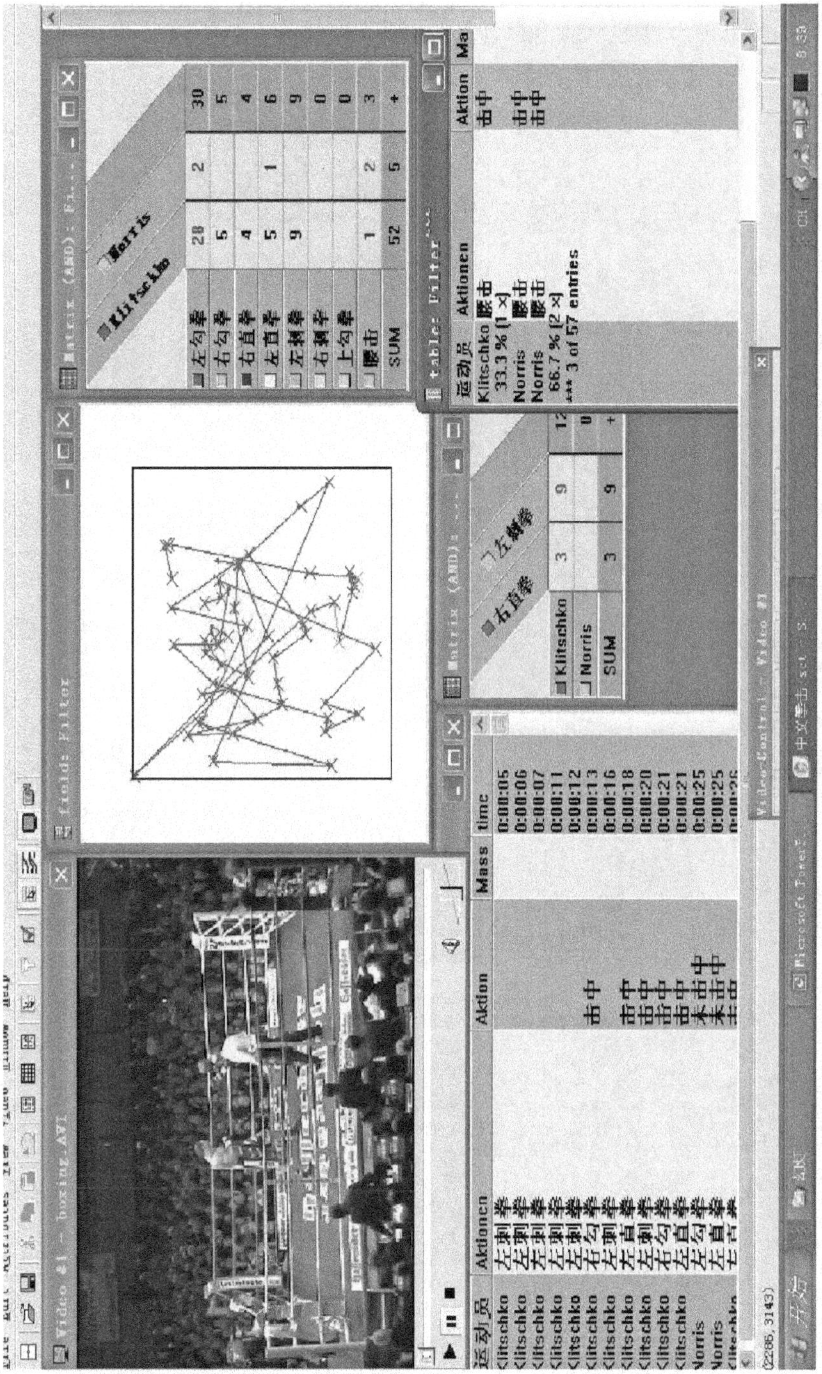

图 7.4 拳击技战术统计结果

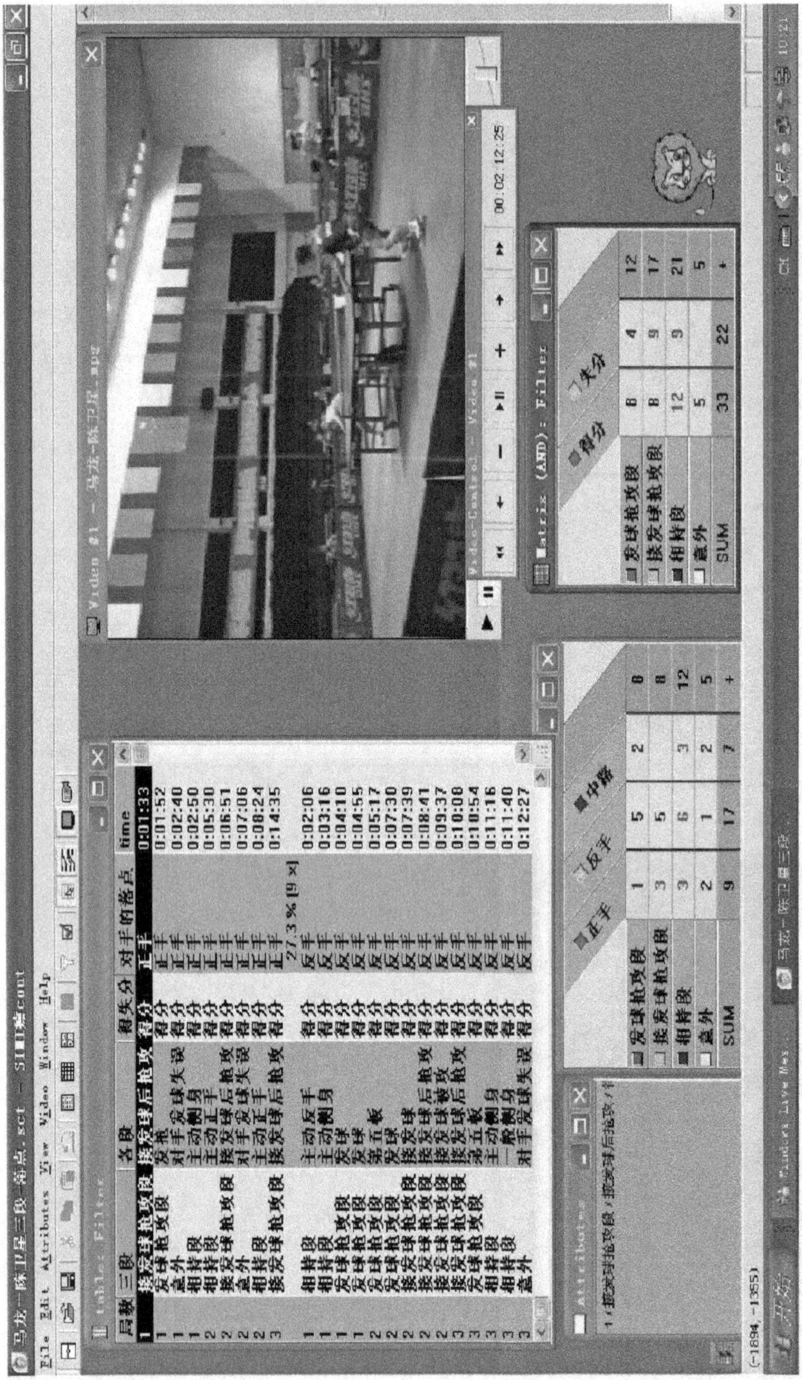

图 7.5　乒乓球技战术统计结果

图 7.6 跆拳道技战术统计结果

习题

任选一运动项目,运用 Simi Scout 标注分析系统获取某一运动员比赛中的跑动(包括速度)及技战术运用数据。

8 个人及团队运动表现监控

［学习目标］

(1) Catapult(凯达普)系统是一款可穿戴设备，应掌握其在比赛和训练中的作用、功能及使用方法。

(2) 理解各参数指标的具体含义。

(3) 了解比赛数据分析及撰写的基本方法。

8.1 Catapult 的功能及使用方法

1) 功能

Catapult 系统是一个综合分析工具，在运动员训练和比赛中使用，可提供每名运动员的大量数据，然后评估这些数据来确定每名运动员的训练量，并确定其是否存在过度训练，是否需要休息。接下来采取有效措施，进行弥补。因此，Catapult 可以确保训练的个性化。同时可从战术分析和体能监控图表来分析运动员性能表现，不仅能够最大限度地提高体能的潜力，同时也能够降低受伤的风险。

所有采集到的数据都将对运动员产生积极的影响，方便的接口、准确的数据等，使我们能够获得球员的详细反馈。这种反馈被用来提供客观的负荷监控，以及帮助制订训练计划。该系统能够最大限度地提高运动员的训练水平和达到比赛最佳状态。

2) OPTIMEYE 设备

按设备开关键开机，LED 灯将开始闪烁，如图 8.1 所示。

(1) GPS 绿灯快速闪烁 2 次/s，表示 GPS 没有锁定；绿灯闪烁 0.5 次/s，表示 GPS 锁定。

(2) 心率灯闪烁表示接收到心率数据。

(3) 电池灯闪烁表示电量不足。

设备背面有设备编号,在数据上传时会显示设备编号,数据报告及文件名同样会出现设备编号。

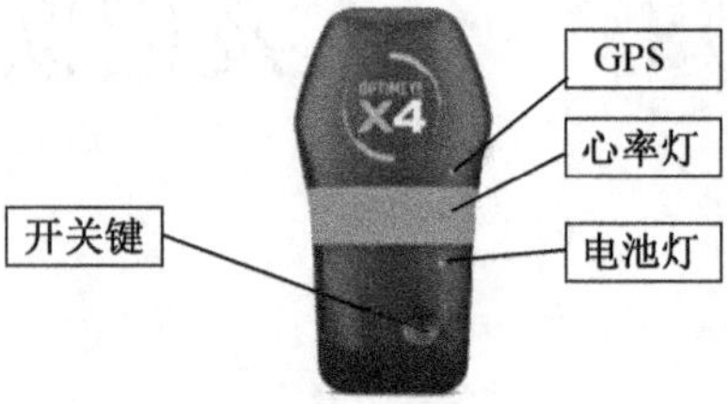

图 8.1　运动数据采集模块

按住关机键 2 s,GPS 灯绿灯闪烁,松开按键,然后 3 个 LED 灯同时亮红灯,并依次熄灭,设备自动关机。

每次打开 OPTIMEYE,设备都会自动记录一个 Session,直到关机。

使用前需对其进行充电,可以选择充电箱或单一座充进行设备充电及数据上传。将 Unit 插入充电箱时,设备必须在关机状态,如图 8.2、图 8.3 所示。

图 8.2　数据采集模块充电器 1

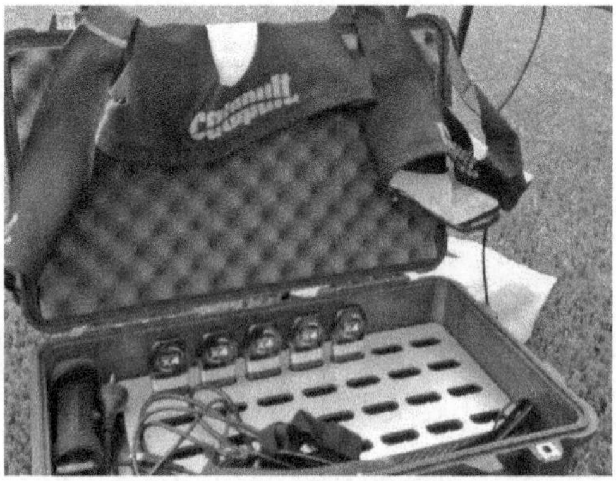

图 8.3　数据采集模块充电器 2

使用单一座充时,确保直接进行 USB 连接而不是通过 USB 转接器,否则不能提供一个稳定的电源。

使用充电箱,必须接通主电源,并确保 USB 连接线正确连接充电箱与计算机。

3) 快速入门指导

(1) 安装 Sprint　Sprint 被设计应用于 Windows OS(Vista,XP 或 Windows7)。双击“Setup(设置)”,按照提示创建软件安装路径,安装 Sprint 软件,在桌面创建快捷方式。

(2) 充电和安装 OPTIMEYE 设备　当我们第一次插入 Unit，计算机会提示发现新硬件，并要求安装驱动，如果是 Windows 7 和 Vista，计算机会自动安装驱动。红灯闪烁表示充电中，绿灯亮表示充满电。当对设备充电 2～3 h 后就可以开始使用它了。

(3) Sprint 使用设置　Sprint 安装默认“Team Sports(团队模式)”模式，你将需要设置一个最小值，它包括运动员(团队)数据库(每个 Unit 对应一名运动员)，并为每名运动员设置个性化信息。

① 运动员数据库：开始使用 Sprint 时，通过点击“Organise”“Edit Team(编辑团队)”访问运动员数据库，如图 8.4 所示。

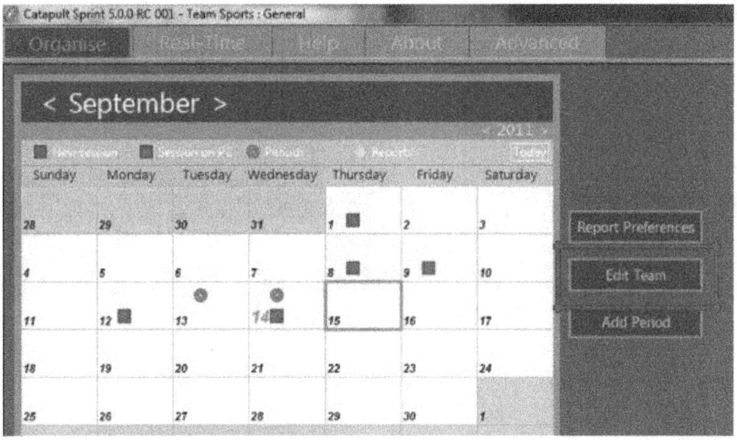

图 8.4　界面图 1

② 在“Team Editor(团队编辑器)”对话框，“General(通用项)”界面点击“Add(添加)”，一名新的运动员将出现在列表中，然后输入详细信息，包括姓名、编号、位置和设备 ID，如图 8.5 所示。

你也可以在速度和心率界面输入最大值，如图 8.6 所示。

你可以选择使用相同的区间值，也可以个性化定制每一个人的区间值，在使用设备进行工作前，最好将团队中的每一个人都设置好区间值。

(4) 运行　软件已经安装设置完成，你可以监控你的第一场比赛或训练。

① GPS 设置：第一步确保设备在室外训练场，打开设备，它们将自动搜索全球定位系统(GPS)卫星，并在 1 min 内锁定，当卫星被锁定，你将看到 LED 灯

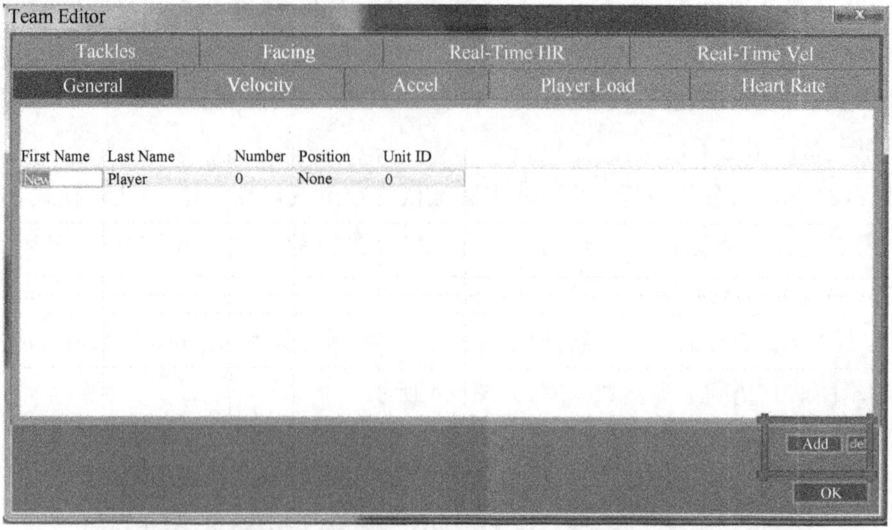

图 8.5　界面图 2

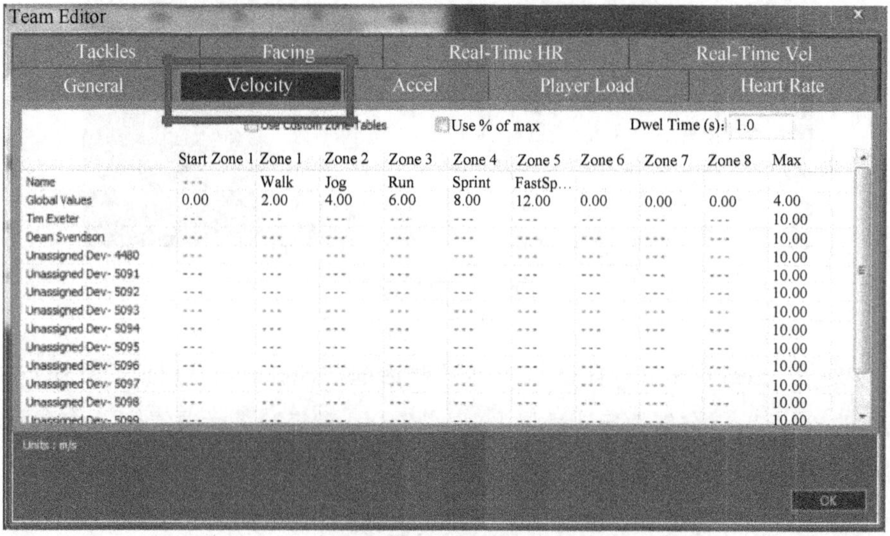

图 8.6　界面图 3

每两秒闪烁一次。最好的方式是锁定 10 min 后再开始训练(特别是长时间不用再次进行使用)。这样 Unit 可以从卫星下载更新以确保精确度,这对你的分析非常重要。当你做完这些便可以设置无线接收器,如图 8.7 所示。

将接收器安装在三脚架上，并垂直放置在较高区域。将接收器底端USB线缆与电脑相连，避免将接收器放置在一个前面有很多人的区域，以减少干扰。当第一次使用接收器时，计算机会显示发现新硬件，要求安装驱动，如果是Windows XP操作系统，需要调取“minimax TRX.inf”放在安装文件中。

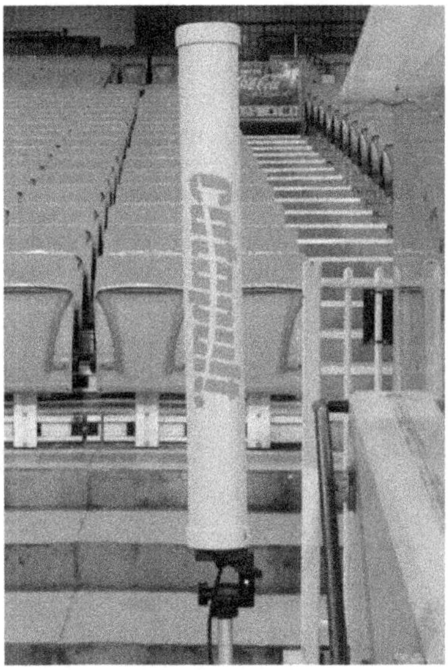

图8.7　无线接收器

打开Sprint，并进入“Real Time(实时)”界面，过几秒钟，在页面底部状态栏的左侧将显示接收器已连接。如果没有显示，你需要重新拔插接收器。如果Unit已经锁定卫星，将看到在实时界面显示一行数据，并在页面右侧显示卫星或场地绿灯，如果编辑了运动员信息，将会显示编辑的信息。一旦锁定GPS卫星，Unit将开始传输数据到实时界面。

同时，根据比赛或训练的需要可以改变实时界面显示的值选项，通过点击“Setup”，你可以看到两列值选项，左侧为已选择值选项，右侧为未选择值选项，移动右侧想要的值选项到左侧。最后，点击“Close”完成设置。

当Real Time已经设置好后，Unit已经锁定，你就可以开始工作了，将Unit放置在肩胛骨背袋内，如图8.8所示，竖直放置，LED灯面朝外。先点击界面左上部的“New Session”确保以前的数据被删除。当开始监控或比赛开始时点击“Start Period”，你将看到“Game Timer(比赛计时器)”开始计数，并累积参量，例如“Odometer(里程)”记录运动员在场上的跑动距离。当训练或比赛结束或半场结束，点击“Stop Period”然后会产生一个标签“Period 1”，你可以点击它回看这部分数据，右键点击可以对它进行重命名。

② 设置Periods(Real-Time)：设备可以区分不同的分期下的深入数据分析，通过开始、停止Periods。设备允许比较不同分期下的性能数据以及整个训练的性能分析，过滤掉一些无用时间下的数据，比如喝水或休息。当单击页面底部橙色时间条上的任意位置，将显示当前时间点上的参数值，点击Re-zero At Start Of,“Interval”演示最近几分钟性能表现，当点击“Match”选项你将看

图 8.8 背袋

到从开始到现在的性能表现。如果 Period 标记为 Live，将显示的是当前的数据。

③ 实时报告：在任何时间点，右键点击面板并选择打印或发送报告，默认格式是 PDF 或 CSV。报告内容为面板显示的内容，以及训练期的总结。当训练或比赛结束，你可以通过"Save Session（保存分期）"保存实时数据，如果你保存了数据，将创建一个".replay"文件，你可以在任何时间调取查看回放数据。按住开关机键 2 s 关闭设备。通过实时数据监控，我们可以得到需要的数据，将 Unit 数据上传，我们可以得到更详细的数据并做进一步分析。

（5）上传和报告　在 Organise 界面你可以管理运动员数据库，手动添加 Periods，从 Unit 下载数据，建立个人和团队报告，上传数据到 Catapult Live。当训练结束，将 Unit 插入充电箱，连接电脑。如果使用实时监测，确保连接的是同一台计算机。当连接成功，你将在左下窗口"My Connected Device（我的已连接设备）"发现该设备，如图 8.9 所示。

① 日历：Organise 左上窗口显示的是当月日历，4 个图标代表当天不同概况。红色方形图标代表训练数据还未下载，蓝色方形图标代表训练数据已经被下载到计算机，橙色圆形图标代表分期已经创建（手动或实时自动），黄色菱形图标代表报告已经创建。

进入训练所在的日期，如果有新数据，你将看到红色图标。在"My Data Files（我的日期文件）"窗口，你将看到数据下载状态，如图 8.10 所示。

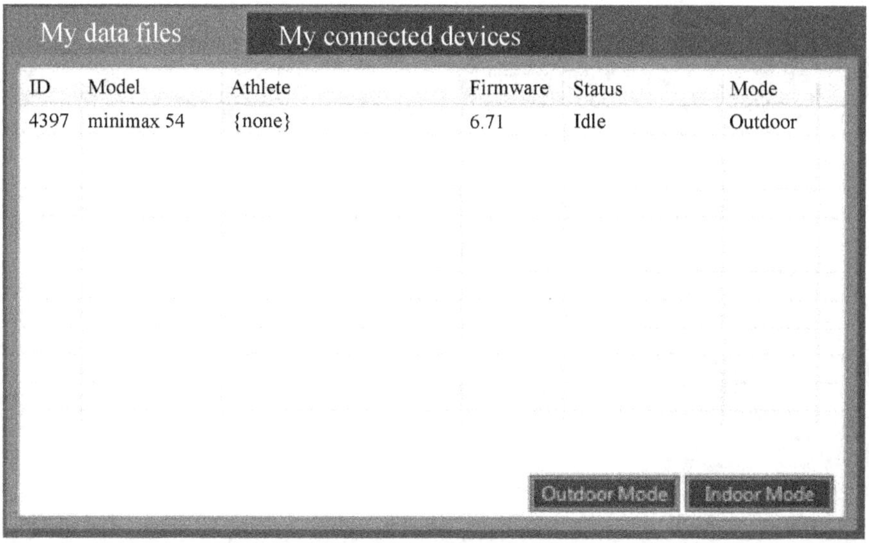

图 8.9 界面图 4

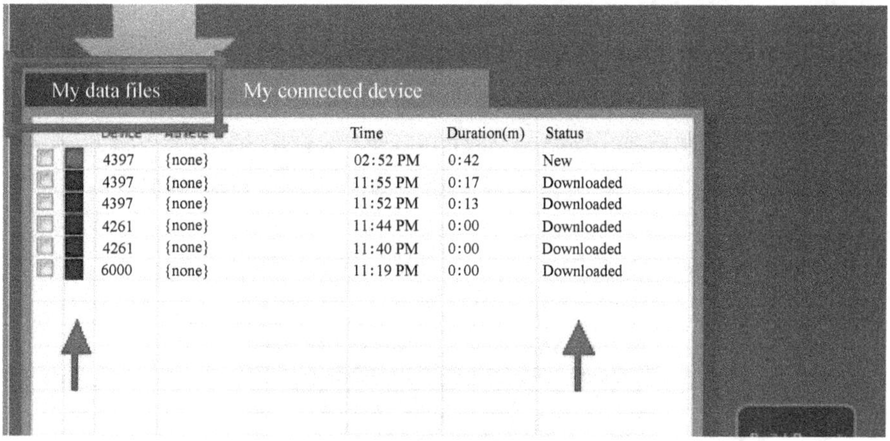

图 8.10 界面图 5

在下载数据前，请确认是否对训练数据进行了分期，如果分期创建成功，将在日历里看到分期的图标。

② 设置分期(手动)：确保分期的开始和结束时间准确，点击“Add Period(添加分期)”分期将显示在窗口，允许输入开始和结束时间，并加入评论和描述，点击“add”创建更多的分期，如图 8.11 所示。

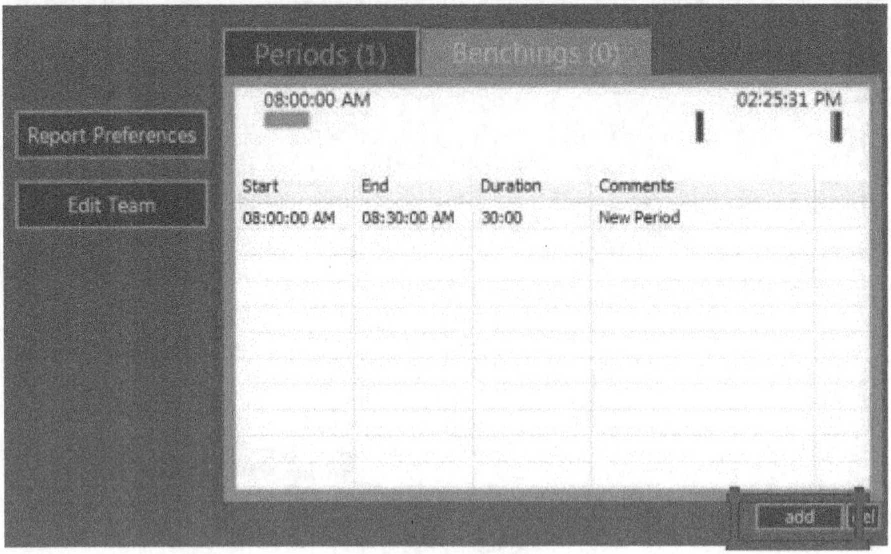

图 8.11 界面图 6

可以通过“Benchings”设置运动员板凳时间，确定开始和结束时间，并分配给其他运动员。

③ 创建报告：点击“Report Preferences（报告选项）”并勾选你需要的“Individual Report(s)（个人报告）”，对于团队报告，务必勾选“Team PDF Reports(团队 PDF 报告)”选项，如图 8.12、图 8.13 所示。

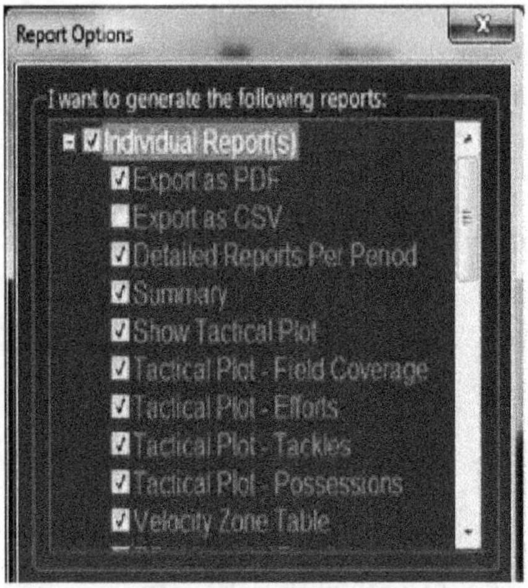

图 8.12 界面图 7

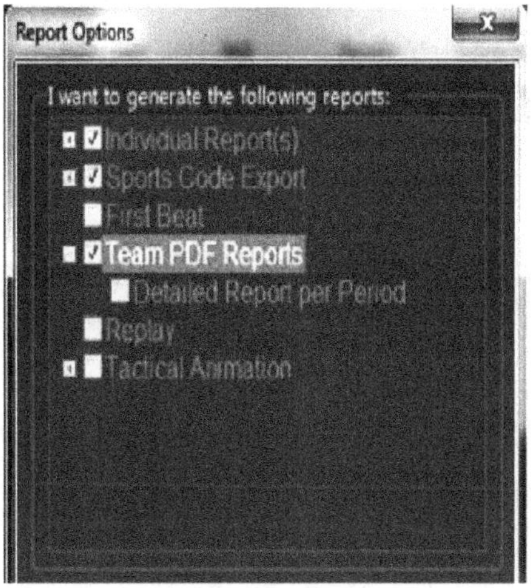

图 8.13　界面图 8

选择你要下载的训练数据并创建报告，如图 8.14 所示。

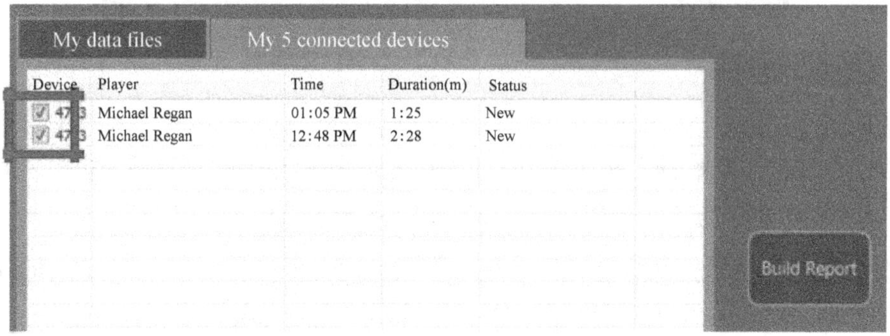

图 8.14　界面图 9

点击"Build Report"弹出对话框，输入标题描述，如图 8.15 所示。

图 8.15　界面图 10

一旦报告被创建，在右侧窗口“Individual Reports”“Team Reports”和“Catapult Live”将会显示。双击打开每个 PDF 或 CSV 报告，如果你创建的报告有错误，可以删除掉报告，并重新创建，你可以删除不想要的报告，如图 8.16 所示。

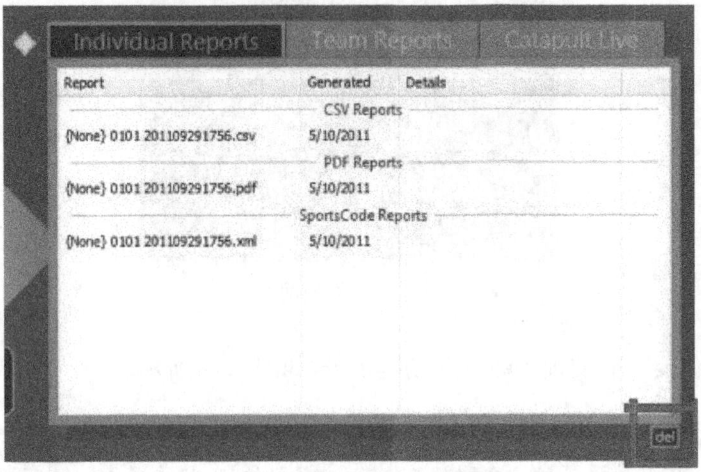

图 8.16　界面图 11

④ 访问下载数据和报告：一旦训练数据被下载，日历将显示蓝色方形图标在发生的日期。报告被创建后将显示黄色菱形图标。你可以访问它们，即使没有连接 Unit，当点击有训练内容的日历那天，右下窗口将显示出具体的报告，报告形式包括 PDF(个人和团队)、CSV、FirstBeat，以及 SportsCode 报告。

8.2　案例分析

(1) 运动行为数据。

(2) 比赛时间：2016 年 3 月 5 日下午。

(3) 比赛地点：河海大学足球场。

(4) 比赛球队及比分：南京金基 0(0) ∶ 3(0)河海大学。

(5) 受测队员信息，如表 8.1 所示。

表 8.1 受测队员信息

姓名	编码	位置
杨若浩	29168	左后卫
徐 伟	29105	中后卫
姚 远	28136	中后卫
李 瑶	31856	右后卫
王思超	28139	后腰
黄 义	29130	后腰
江 涛	29126	左边前卫
卢茂春	28155	前腰
章 寻	29104	右边前卫
严 啸	28135	前锋
57 号队员(替换王思超)		右后卫
20 号队员(替换卢茂春)		前腰
31 号队员(替换章寻)		右前卫

1) 跑动距离

各球员全场跑动距离如表 8.2、图 8.17 所示。

表 8.2 全场跑动距离 单位:m

姓名	位置	跑动距离
杨若浩	左后卫	8 685
徐 伟	中后卫	6 892
姚 远	中后卫	8 357
李 瑶	右后卫	9 838
王思超	后腰	2 552
黄 义	后腰	7 628
江 涛	左边前卫	8 734
卢茂春	前腰	5 198
章 寻	右边前卫	5 142
严 啸	前锋	5 671
57 号队员(替换王思超)	右后卫	5 366
20 号队员(替换卢茂春)	前腰	3 446
31 号队员(替换章寻)	右前卫	5 028

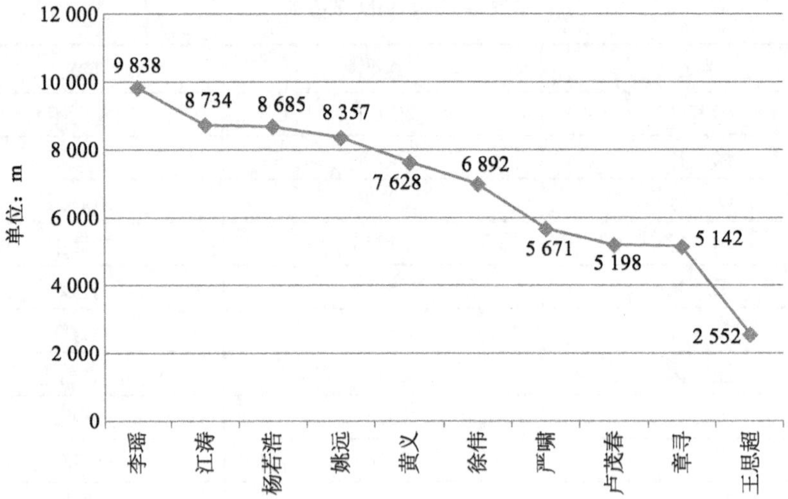

图 8.17　全场跑动距离

2) 跑动速度概述

各球员跑动速度如表 8.3 所示。

表 8.3　跑动速度

姓名	位置	平均跑动速度(m/min)	最大速度(m/s)
杨若浩	左后卫	93.8	6.7
徐　伟	中后卫	110.2	7.9
姚　远	中后卫	90.2	7.4
李　瑶	右后卫	106.2	7.7
王思超	后腰	109.1	7.7
黄　义	后腰	108.1	6.4
江　涛	左边前卫	99.1	6.8
卢茂春	前腰	90.4	7.5
章　寻	右边前卫	117.6	7.3
严　啸	前锋	80.6	7.6
57 号队员(替换王思超)	右后卫	107.5	7.1
20 号队员(替换卢茂春)	前腰	109.9	6.4
31 号队员(替换章寻)	右前卫	106.6	7.5

(1) 各球员冲刺跑数据如表 8.4、图 8.18 所示。

表 8.4 冲刺跑数据

姓名	冲刺跑距离(m)	冲刺距离百分比(%)	冲刺跑时间(s)	冲刺时间百分比(%)
杨若浩	93	1	14	0
徐 伟	246	4	35.5	1
姚 远	122	1	17.8	0
李 瑶	206	2	30.2	1
王思超	42	2	6	0
黄 义	50	1	8.2	0
江 涛	88	1	13	0
卢茂春	46	1	6.8	0
章 寻	109	2	16.2	1
严 啸	99	2	14.6	0
57 号队员(替换王思超)	90	2	13.4	0
20 号队员(替换卢茂春)	34	1	5.6	0
31 号队员(替换章寻)	201	4	29.6	1

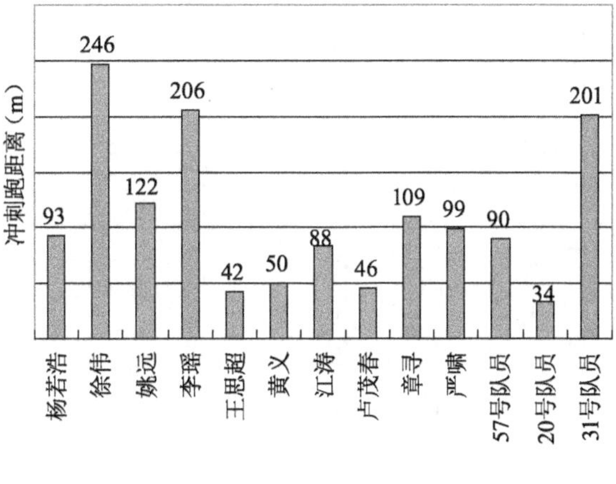

图 8.18 冲刺跑距离

(2) 各球员高速跑数据,如表 8.5、图 8.19 所示。

表 8.5 高速跑数据

姓名	高速跑距离(m)	高速距离百分比(%)	高速跑时间	高速时间百分比(%)
杨若浩	427	5	1 min 20.5 s	1
徐　伟	290	4	55.5 s	1
姚　远	308	4	57.4 s	1
李　瑶	451	5	1 min 23.8 s	2
王思超	186	7	35.5 s	3
黄　义	471	6	1 min 28.6 s	2
江　涛	349	4	1 min 4.6 s	1
卢茂春	215	4	39.6 s	1
章　寻	256	5	48.3 s	2
严　啸	281	5	52 s	1
57 号队员(替换王思超)	284	5	53.6 s	2
20 号队员(替换卢茂春)	224	7	41.8 s	2
31 号队员(替换章寻)	346	7	1 min 4.5 s	2

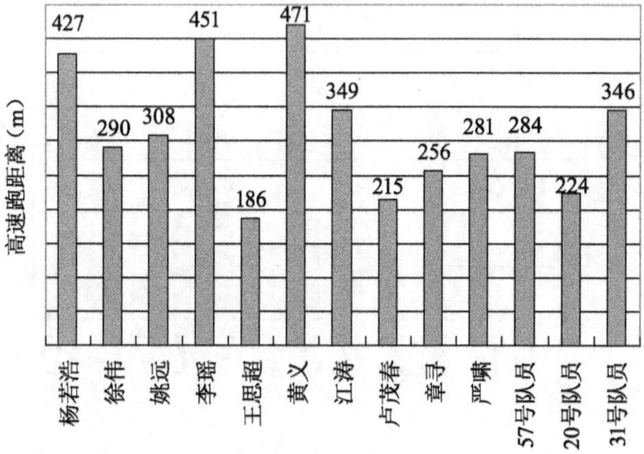

图 8.19 高速跑距离

(3) 各球员中速跑数据，如表8.6、图8.20所示。

表8.6 中速跑数据

姓名	中速跑距离(m)	中速距离百分比(%)	中速跑时间	中速跑时间百分比(%)
杨若浩	1 499	17	6 min 12.7 s	7
徐 伟	1 132	16	4 min 51.3 s	8
姚 远	1 112	13	4 min 37.4 s	5
李 瑶	1 865	19	7 min 51.5 s	8
王思超	478	19	2 min 2 s	9
黄 义	1 503	20	6 min 14.4 s	9
江 涛	1 311	15	5 min 6.6 s	6
卢茂春	616	12	2 min 36.6 s	5
章 寻	905	18	3 min 46 s	9
严 啸	658	12	2 min 44.2 s	4
57号队员(替换王思超)	929	17	3 min 51.5 s	8
20号队员(替换卢茂春)	616	18	2 min 32.6 s	8
31号队员(替换章寻)	822	16	3 min 24.3 s	7

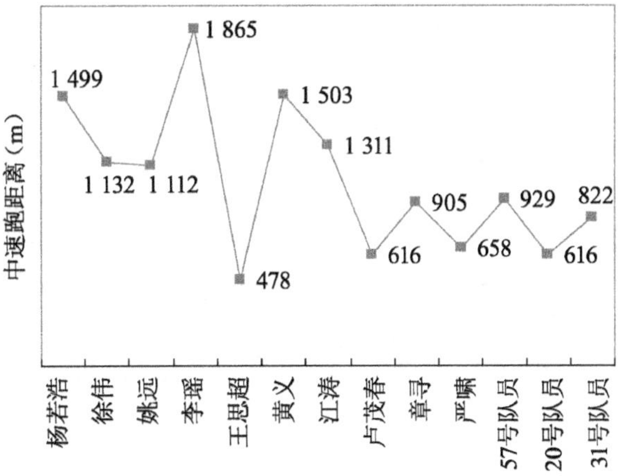

图8.20 中速跑距离

(4) 各球员低速跑数据如表 8.7、图 8.21 所示。

表 8.7 低速跑数据

姓名	低速跑距离(m)	低速跑距离百分比(%)	低速跑时间	低速跑时间百分比(%)
杨若浩	1 730	20	10 min 05 s	11
徐 伟	1 632	24	9 min 22.5 s	15
姚 远	1 725	21	9 min 54.2 s	11
李 瑶	2 164	22	12 min 32.2 s	14
王思超	618	24	3 min 32.1 s	15
黄 义	1 820	24	10 min 31.6 s	15
江 涛	2 096	24	11 min 48 s	14
卢茂春	1 110	21	6 min 30.4 s	11
章 寻	1 240	24	7 min 9 s	16
严 啸	863	15	4 min 55.8 s	7
57 号队员(替换王思超)	1 247	23	7 min 13.3 s	14
20 号队员(替换卢茂春)	725	21	4 min 6.4 s	13
31 号队员(替换章寻)	1 069	21	6 min 13.7 s	13

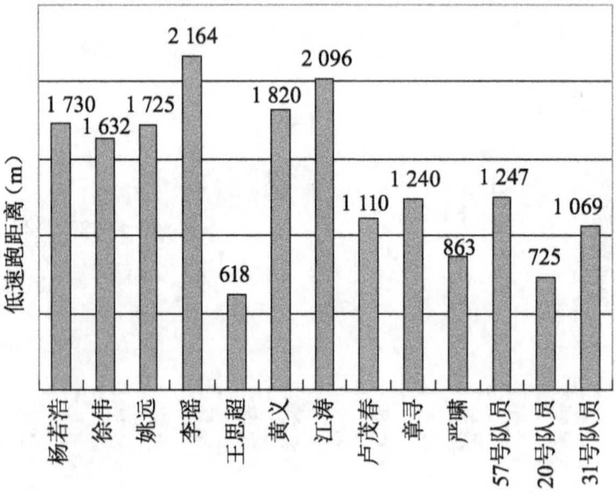

图 8.21 低速跑距离

(5) 各球员慢跑数据如表 8.8、图 8.22 所示。

表 8.8 慢跑数据

姓名	慢跑距离(m)	慢速距离百分比(%)	慢跑时间	慢速跑时间百分比(%)
杨若浩	1 845	21	17 min 9 s	19
徐 伟	2 031	29	18 min 36.2 s	30
姚 远	1 538	18	14 min 17.8 s	15
李 瑶	1 958	20	18 min 2 s	19
王思超	505	20	4 min 41.6 s	20
黄 义	1 406	18	12 min 36.5 s	18
江 涛	2 008	23	17 min 16 s	20
卢茂春	1 170	23	10 min 49 s	19
章 寻	1 585	31	14 min 11.3 s	32
严 啸	1 167	21	10 min 57.2 s	16
57 号队员(替换王思超)	1 147	21	9 min 52.7 s	20
20 号队员(替换卢茂春)	776	23	7 min 11.7 s	23
31 号队员(替换章寻)	1 013	20	9 min 5.5 s	19

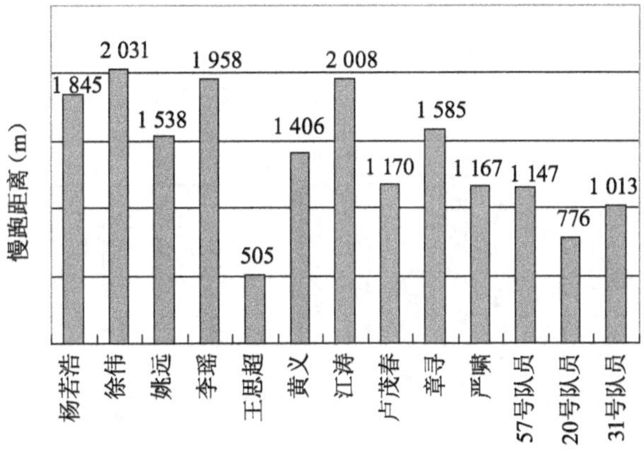

图 8.22 慢跑距离

(6) 各球员慢跑以下数据如表 8.9、图 8.23 所示。

表 8.9　慢跑以下数据

姓名	慢跑以下距离(m)	慢跑以下距离百分比(%)	慢跑以下时间	慢速以下时间百分比(%)
杨若浩	3 091	36	57 min 36.6 s	62
徐　伟	1 561	23	28 min 13 s	45
姚　远	3 552	43	1 h 2 s	66
李　瑶	3 194	32	52 min 17.5 s	56
王思超	723	28	12 min 25.7 s	53
黄　义	2 378	31	39 min 35.5 s	56
江　涛	2 882	33	49 min	58
卢茂春	2 041	39	36 min 46.2 s	64
章　寻	1 047	20	17 min 31.3 s	40
严　啸	2 603	46	50 min 35.3 s	72
57 号队员(替换王思超)	1 669	31	27 min 48.1 s	56
20 号队员(替换卢茂春)	1 071	31	16 min 39.1 s	53
31 号队员(替换章寻)	1 577	31	26 min 52.4 s	57

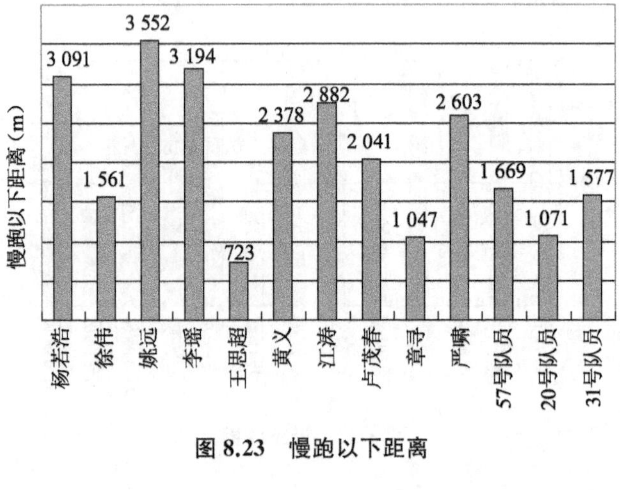

图 8.23　慢跑以下距离

3) 个人数据分析

(1) 99 号队员严啸(前锋) 上半场对手以替补阵容出战,金基地产由南向北进攻,99 号队员严啸下半场第 24 min 被换下,因设备数量有限,替换上场的队员没有佩戴该测试设备。通过对 99 号严啸整场比赛数据分析得知,上半场其活动范围主要集中在前场左侧,下半场其活动范围主要集中在中圈附近,详细情况如图 8.24、表 8.10 所示。

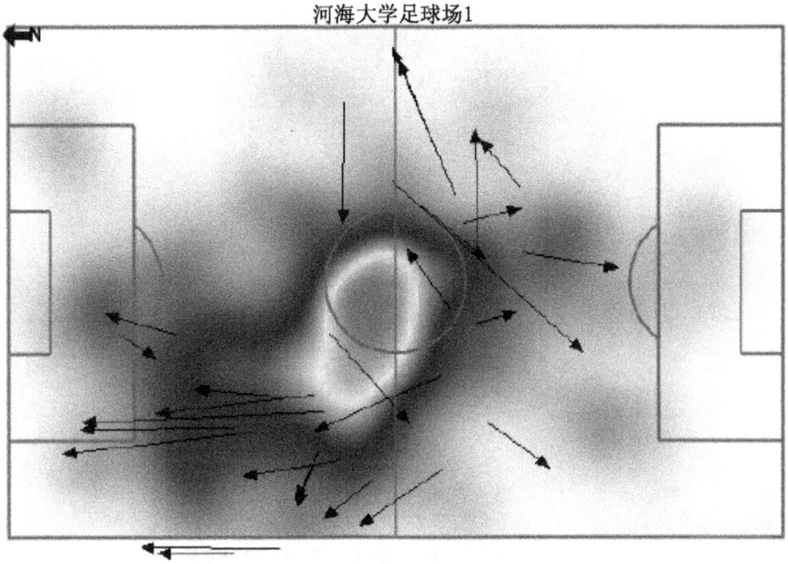

图 8.24 99 号队员运动轨迹热图

表 8.10 99 号队员不同速度区间跑动情况

速度区间(m/s)	0~<1.5	1.5~<2.4	2.4~<3.4	3.4~<4.8	4.8~<6	6~8
移动距离(m)	2 603	1 167	863	658	281	99
百分比(%)	46	21	15	12	5	2

总体评价: 作为前锋队员,整场比赛其冲刺距离仅有 99 m,原因可能有:①拿球机会和突破次数较少;②体能状况欠佳。对于其下半场活动区域集中在中圈附近,可能与防守压力过大有关。从其运动轨迹热图不难发现,其主要精力投入进攻,很少参与防守,这可能与主教练战术安排有关。

建议: ① 增加拿球次数;②积极参与防守;③加强体能训练。

(2) 78号队员江涛(左前卫)　78号队员江涛,下半场第39 min被换下,因设备数量有限,被换上队员没有佩戴该测试设备。通过比赛数据分析得知,78号队员活动区域主要集中在进攻方向左侧中前场,详细情况如图8.25、表8.11所示。

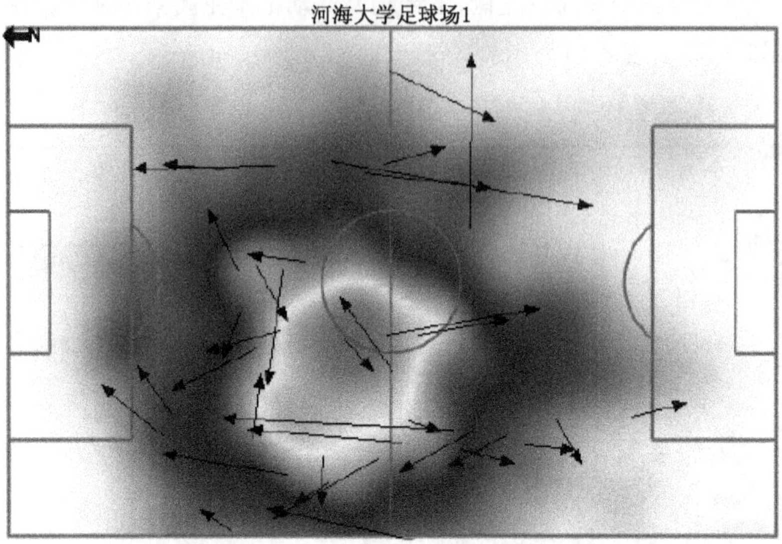

图8.25　78号队员运动轨迹热图

表8.11　78号队员不同速度区间跑动情况

速度区间(m/s)	0～<1.5	1.5～<2.4	2.4～<3.4	3.4～<4.8	4.8～<6	6～8
移动距离(m)	2 882	2 008	2 096	1 311	349	88
百分比(%)	33	23	24	15	4	1

总体评价: 从运动轨迹热图和不同速度区间的跑动距离来看,该队员跑动范围相对固定,符合该位置运动员的运动轨迹,但跑动范围不够大。

建议: ①积极参与防守;②勇于前插参与进攻;③加强体能训练。

(3) 59号队员卢茂春(前腰)　上半场由于防守压力较小,59号队员卢茂春更多时间参与进攻,故其活动范围在前场,下半场第13 min被20号队员(前腰)替换,而下半场对手以全部主力应战,金基地产被迫收缩防守,所以20号队员虽然作为前腰,但更多时间在本方半场参与防守。详细情况如图8.26、图8.27和表8.12、表8.13所示。

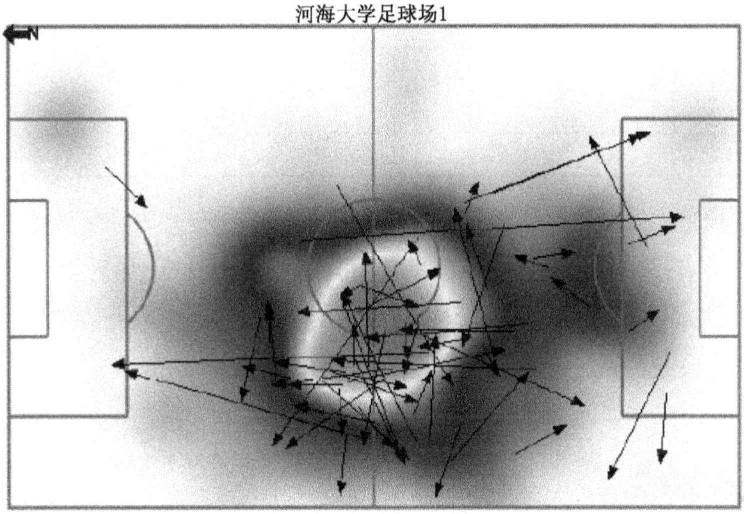

图 8.26　59 号队员运动轨迹热图

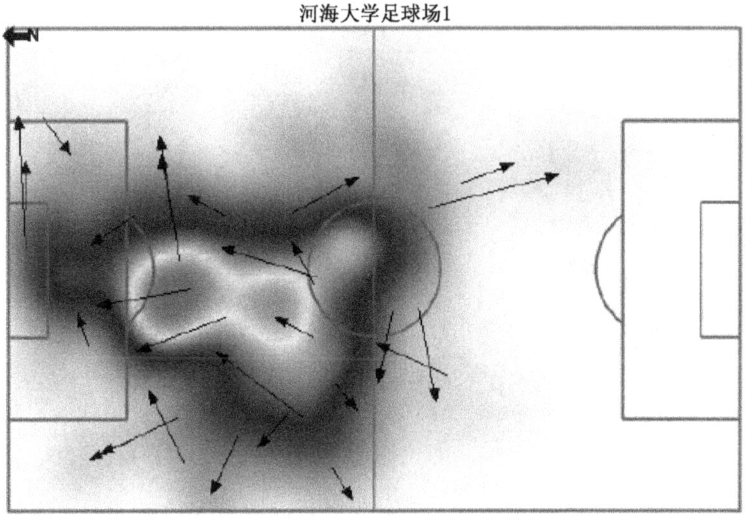

图 8.27　20 号队员运动轨迹热图

表 8.12　59 号队员不同速度区间跑动情况

速度区间(m/s)	0～<1.5	1.5～<2.4	2.4～<3.4	3.4～<4.8	4.8～<6	6～8
移动距离(m)	2 041	1 170	1 110	616	215	46
百分比(%)	39	23	21	12	4	1

表 8.13　20 号队员不同速度区间跑动情况

速度区间(m/s)	0～<1.5	1.5～<2.4	2.4～<3.4	3.4～<4.8	4.8～<6	6～8
移动距离(m)	1 071	776	725	616	224	34
百分比(%)	31	23	21	18	7	1

总体评价：从运动轨迹热图不难看出，作为前腰 59 号队员活动范围主要集中在中前场，这说明他出色地完成了球队的组织进攻任务，同时能积极参与回防，但其总的跑动距离仅有 5 198 m。下半场因防守压力过大，被换上场的 20 号队员将主要精力用于防守，所以其活动范围主要在本方半场。

建议：加强体能及速度爆发力训练。

(4) 7 号队员章寻(右前卫)　下半场开始被 31 号队员替换下场，上半场由于防守压力较小，7 号队员的主要活动范围在右侧前场区域，而下半场由于防守压力加大，被换上场的 31 号队员将主要精力用于防守，故其主要活动区域在本方半场，详细情况如图 8.28、图 8.29 和表 8.14、表 8.15 所示。

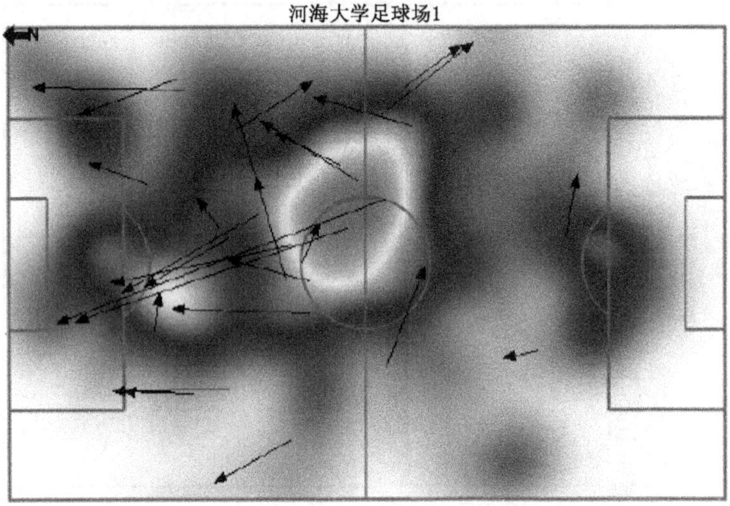

图 8.28　7 号队员运动轨迹热图

表 8.14　7 号队员不同速度区间跑动情况

速度区间(m/s)	0～<1.5	1.5～<2.4	2.4～<3.4	3.4～<4.8	4.8～<6	6～8
移动距离(m)	1 047	1 585	1 240	905	256	109
百分比(%)	20	31	24	18	5	2

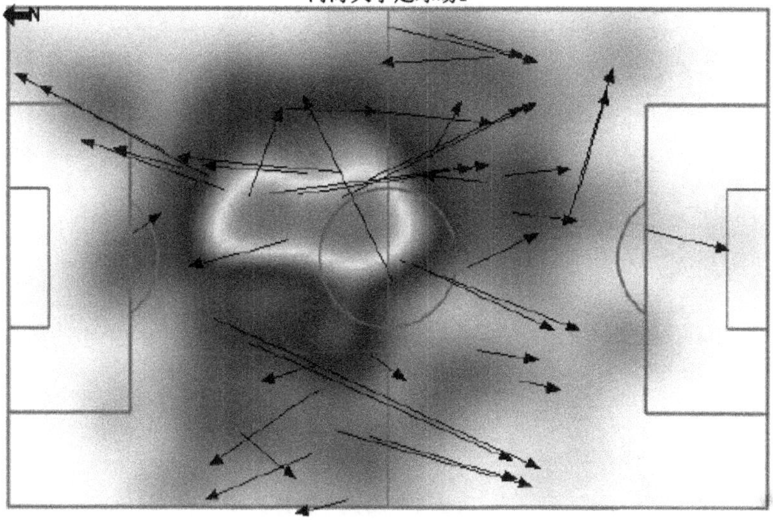

图 8.29 31 号队员运动轨迹热图

表 8.15 31 号队员不同速度区间跑动情况

速度区间(m/s)	0～<1.5	1.5～<2.4	2.4～<3.4	3.4～<4.8	4.8～<6	6～8
移动距离(m)	1 577	1 013	1 069	822	346	201
百分比(%)	31	20	21	16	7	4

总体评价： 7 号队员作为右前卫，其主要活动范围在中前场，但从其运动轨迹热图可以看出，7 号队员经常出现在对方大禁区附近，且其冲刺跑距离为 109 m，由此不难发现，他在做好本职工作外，能够积极地参与进攻。而下半场被换上场的 31 号队员由于防守压力过大，同时由于对方主攻右路，其冲刺跑距离为 201 m，这说明对方右路攻击手突破较多，速度较快，因此他主要在本方半场靠左区域活动参与防守。

建议： 31 号队员下半场右路进攻需进一步加强。

(5) 66 号队员王思超(后腰)　66 号队员王思超，因受伤上半场第24 min 被换下，因设备数量问题，被换上队员没有佩戴测试设备。下半场 57 号队员(右后卫)佩戴测试设备上场比赛，详细情况如图 8.30、图 8.31 和表 8.16、表 8.17 所示。

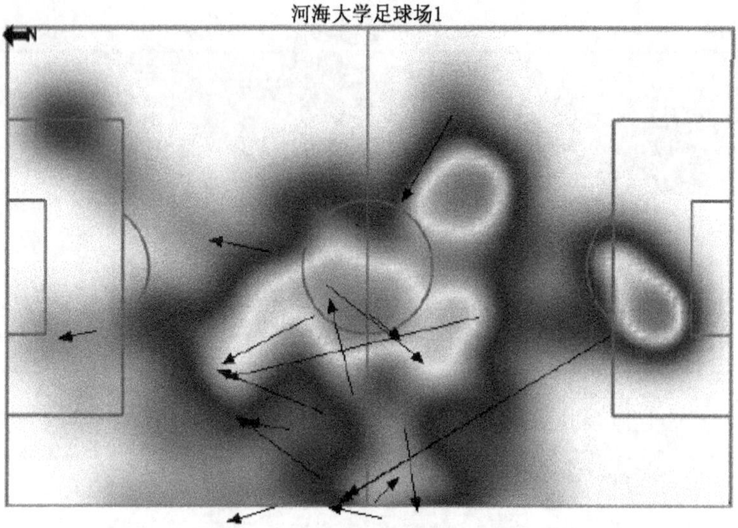

图 8.30　66 号队员运动轨迹热图

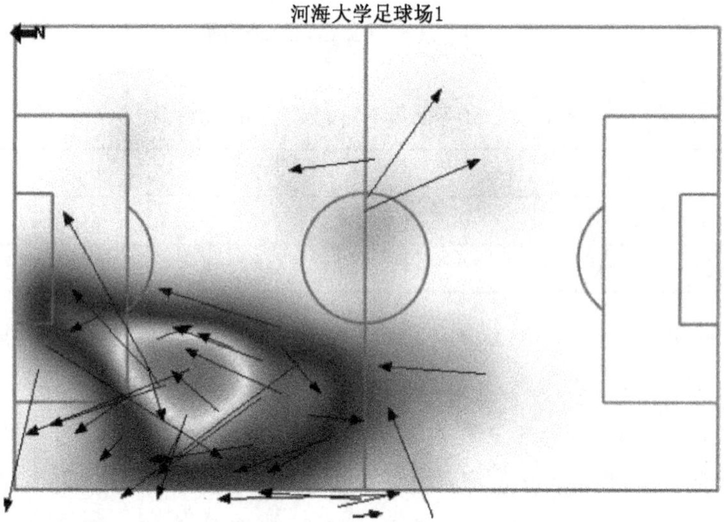

图 8.31　57 号队员运动轨迹热图

表 8.16　66 号队员不同速度区间跑动情况

速度区间(m/s)	0～<1.5	1.5～<2.4	2.4～<3.4	3.4～<4.8	4.8～<6	6～8
移动距离(m)	723	505	618	478	186	42
百分比(%)	28	20	24	19	7	2

表 8.17　57 号队员不同速度区间跑动情况

速度区间(m/s)	0～<1.5	1.5～<2.4	2.4～<3.4	3.4～<4.8	4.8～<6	6～8
移动距离(m)	1 669	1 147	1 247	929	284	90
百分比(%)	31	21	23	17	5	2

总体评价： 通过运动员运动轨迹热图及对 66 号和 57 号队员的比赛数据分析得知，66 号队员跑动能力较强，攻防能力突出，覆盖范围较广，而下半场由于防守压力剧增，57 号队员疲于防守，其活动范围受限，活动范围主要集中在本方半场右侧。

建议： 57 号队员适时助攻。

(6) 6 号队员黄义(后腰)　6 号队员黄义，下半场第 25 min 被换下，因设备数量有限，被换上队员没有佩戴该测试设备，详细情况如图 8.32、表8.18 所示。

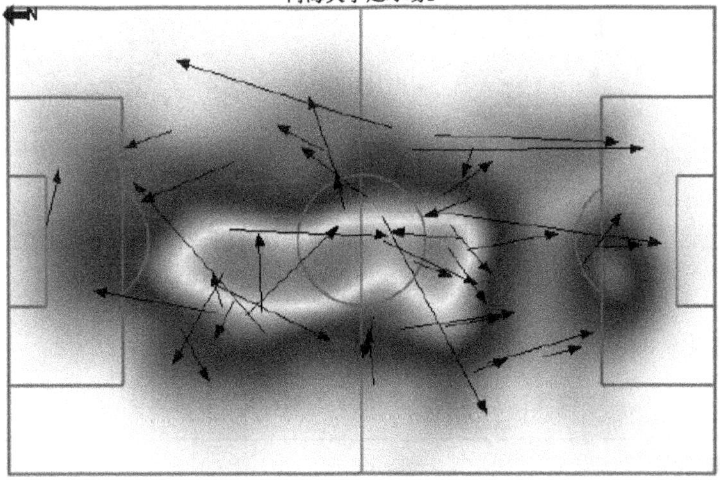

图 8.32　6 号队员运动轨迹热图

表 8.18　6 号队员不同速度区间跑动情况

速度区间(m/s)	0～<1.5	1.5～<2.4	2.4～<3.4	3.4～<4.8	4.8～<6	6～8
移动距离(m)	2 378	1 406	1 820	1 503	471	50
百分比(%)	31	18	24	20	6	1

总体评价： 由于上下半场对手分别以替补和主力应战，运动轨迹热图情况

表明,6号队员黄义的活动范围贯穿整个球场的中轴线和前场大禁区前沿,出色地完成防守的同时,进攻能力也较为出色。

建议: 进攻时适当增加边路突破。

(7) 21号队员杨若浩(左后卫)　21号队员杨若浩,其活动范围主要集中在本方半场左侧,详细情况如图8.33、表8.19所示。

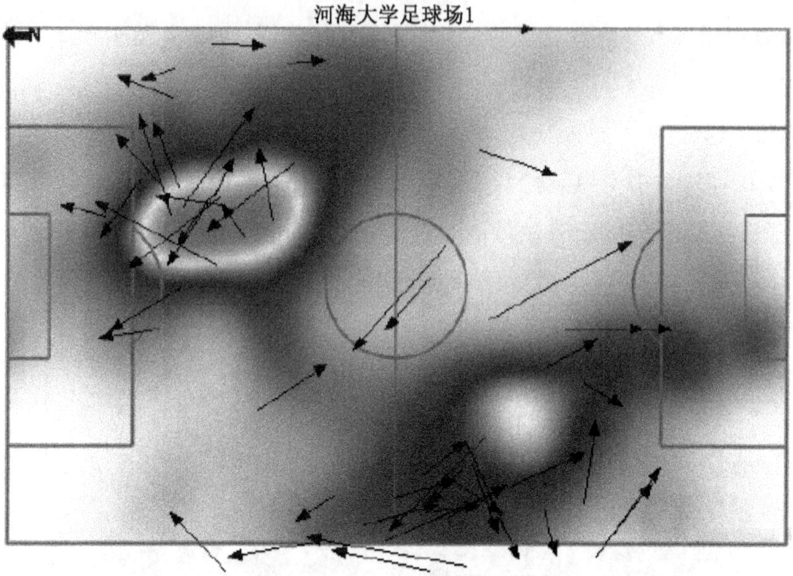

图8.33　21号队员运动轨迹热图

表8.19　21号队员不同速度区间跑动情况

速度区间(m/s)	0～<1.5	1.5～<2.4	2.4～<3.4	3.4～<4.8	4.8～<6	6～8
移动距离(m)	3 091	1 845	1 730	1 499	427	93
百分比(%)	36	21	20	17	5	1

总体评价: 根据其运动轨迹热图得知,该队员是传统意义上的左后卫,其活动区域主要集中在本方半场左侧,缺少前插助攻的意识,这可能与运动员本身能力及主教练战术安排有关。其全场跑动距离达8 685 m,居全队第三,这说明该队员体能状况良好。

建议: 培养助攻意识,增强助攻能力。

(8) 26号队员李瑶(右后卫)　26号队员活动区域主要集中在本方半场右

侧靠近中圈附近对方半场左侧，详细情况如图 8.34、表 8.20 所示。

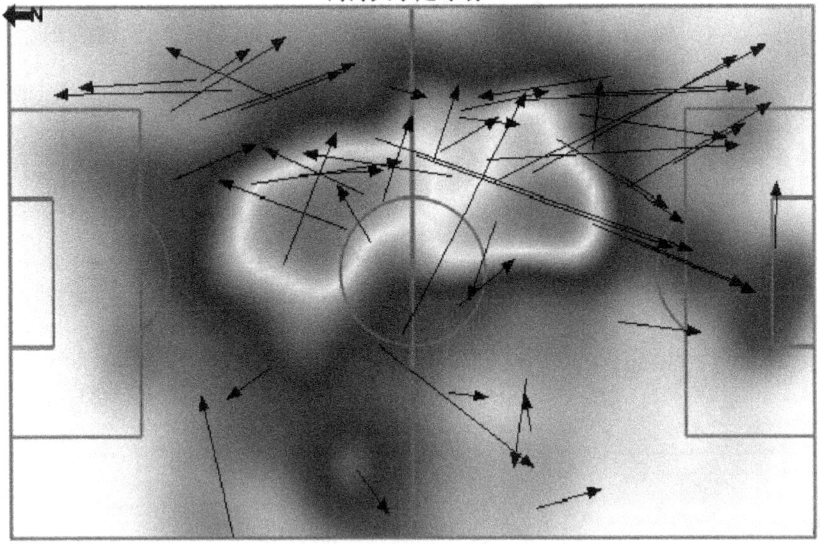

图 8.34　26 号队员运动轨迹热图

表 8.20　26 号队员不同速度区间跑动情况

速度区间(m/s)	0～<1.5	1.5～<2.4	2.4～<3.4	3.4～<4.8	4.8～<6	6～8
移动距离(m)	3 194	1 958	2 164	1 865	451	206
百分比(%)	32	20	22	19	5	2

总体评价：根据比赛数据及该运动员的运动轨迹热图得知，作为一名右后卫，该队员全场跑动距离为 9 838 m，居全队跑动距离之首，冲刺跑距离为 206 m，排名第二。由此不难看出该队员活动范围较广、体能充沛，具有良好的冲刺能力及较强的助攻能力。

建议：无

(9) 30 号队员徐伟(中后卫)及 19 号队员姚远(中后卫)　30 号队员徐伟和 19 号队员姚远，活动范围主要集中在本方半场大禁区附近，详细情况如图 8.35、图 8.36 和表 8.21、表 8.22 所示。

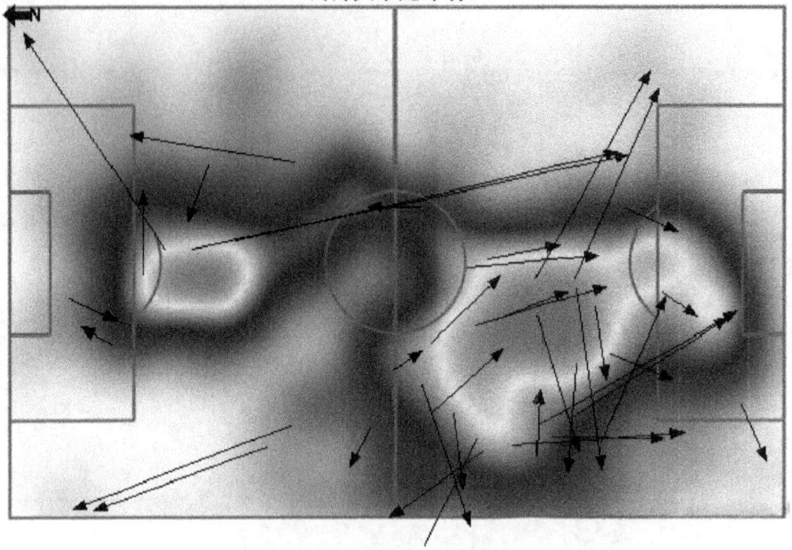

图 8.35　30 号队员运动轨迹热图

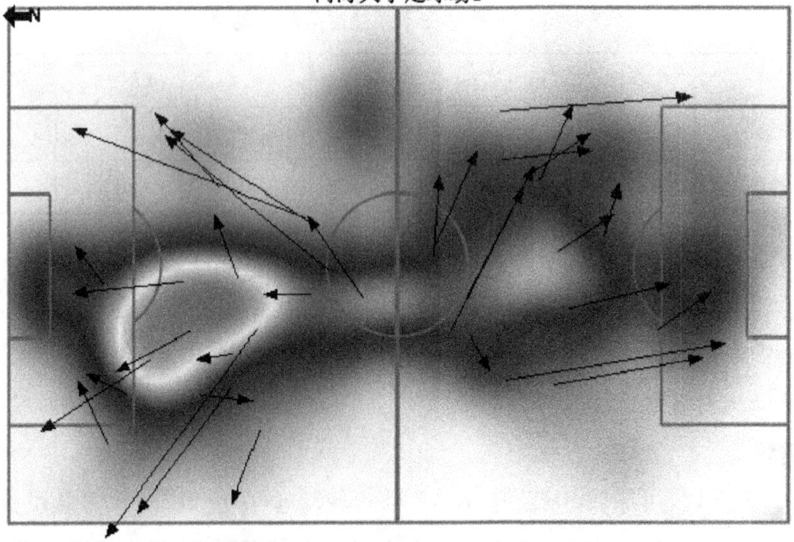

图 8.36　19 号队员运动轨迹热图

表 8.21　30 号队员不同速度区间跑动情况

速度区间(m/s)	0～<1.5	1.5～<2.4	2.4～<3.4	3.4～<4.8	4.8～<6	6～8
移动距离(m)	1 561	2 031	1 632	1 132	290	246
百分比(%)	23	29	24	16	4	4

表 8.22　19 号队员不同速度区间跑动情况

速度区间(m/s)	0～<1.5	1.5～<2.4	2.4～<3.4	3.4～<4.8	4.8～<6	6～8
移动距离(m)	3 552	1 538	1 725	1 112	308	122
百分比(%)	43	18	21	13	4	1

总体评价： 作为中后卫，30 号和 19 号队员活动范围主要集中在本方半场大禁区附近，并偶尔助攻至对方半场，较圆满地完成了本职工作。

建议： 无

习题

任选一运动项目，运用 Catapult(凯达普)系统软件对该项目某场比赛或某节训练课进行实时监控，并获取某一名或某几名运动员的运动数据。

参考文献

[1] 胡声宇. 运动解剖学[M]. 2版. 北京：人民体育出版社，2000.
[2] 王瑞元，苏全生. 运动生理学[M]. 北京：人民体育出版社，2012.
[3] 田麦久. 运动训练学[M]. 2版. 北京：人民体育出版社，2000.
[4] 谢敏豪，林文弢，冯炜权. 运动生物化学[M]. 北京：人民体育出版社，2008.
[5] 李松赞. 人机工程学在自行车设计中的应用[J]. 中国自行车，2000(10)：30-31.
[6] 刘极峰，吉绍山. 平蹬摆式自行车鞍座之工效学研究[J]. 人类工效学，2007，13(4)：41-44.
[7] 钱竞光，宋雅伟. 运动康复生物力学[M]. 北京：人民体育出版社，2008.
[8] 徐瑞芬. 基于人体生物力学的自行车设计方法研究与应用[D]. 天津：天津大学，2009.
[9] Gambetta.竞技能力的全面发展：身体功能训练的艺术和科学[M]. 刘宇，孙明运，译. 北京：北京体育大学出版社，2011.
[10] Geiger. 耐力训练：运动医学建议[M].杨要武，译.北京：北京体育大学出版社，2011.
[11] 冯连世. 运动员机能评定常用生理生化指标测试方法及应用：国家体育总局体育科学技术成果专辑[M]. 北京：人民体育出版社，2002.
[12] 全国体育院校成人教育协作组. 体育测量与评价[M]. 北京：人民体育出版社，1999.
[13] 袁野，魏亮，董新风. 青少年足球赛训一体训练法概论[M]. 南京：南京师范大学出版社，2014.
[14] 钱竞光. 人体运动动作技术分析与诊断[M]. 南京：江苏凤凰科学技术出

版社，2016.
[15] 舍恩伯格，库克耶.大数据时代：生活、工作与思维的大变革[M]. 盛杨燕，译.杭州：浙江人民出版社，2013.